Za moje otroke

ZA MOJE OTROKE

Nauki Njene Svetosti

Šri Mata Amritanandamayi

Mata Amritanandamayi Center, San Ramon
California, Združene države

Za moje otroke

V angleščino prevedel Swami Ramakrishnananda Puri
V slovenski jezik prevedla Polonca Žugelj – Pori

Izdal:

Mata Amritanandamayi Center
P.O. Box 613, San Ramon, CA 94583
Združene države

————— *For My Children (Slovenian)* —————

Prva slovenska izdaja MA Center: april 2016

Evropska spletna stran: www.amma-europe.org
Slovenska spletna stran: www.amma.si
E-mail: amma.slovenia@gmail.com

V Indiji:

www.amritapuri.org
www.embracingtheworld.org
inform@amritapuri.org

Vsebina

Uvod

Bistvo Indije se nahaja v njeni kulturi, najvišjem cilju, ki pomeni Samouresničitev vsakogar – da običajnega človeka povzdigne do višin najvišje zavesti. Medtem ko se Indija obrača na Zahod po materialno udobje in užitke, se Zahod, razočaran nad prazno veličino materializma, vedno bolj obrača k večnim filozofijam Vzhoda, išče njihovo vodstvo in zatočišče. Že od davnih časov pa vse do danes se razsvetljeni *mahatme* (velike duše) rojevajo v Indiji z namenom, da povedejo iskalce najvišje Resnice k njihovemu cilju.

»Zakaj potrebujemo duhovno vodstvo?« se lahko vprašamo. »Mar po tem, ko sem prebral nekaj knjig, ne morem preprosto sam po svoje hoditi po duhovni poti?« Tisti, ki želi postati zdravnik, mora študirati pri učenih profesorjih. Celó diplomiran zdravnik ali zdravnica mora najprej delati v bolnišnici kot stažist pod vodstvom izkušenih zdravnikov. Mnogo let mine, preden se mu izpolnijo sanje, da postane zdravnik. Kaj lahko šele rečemo o stremljenju k uresničitvi najvišje Resnice? Če želiš duhovno modrost, moraš poiskati resničnega duhovnega mojstra, ki je preučeval, se uril in izkusil Resnico – ki je postal živo utelešenje Resnice same.

Kako se pravi učitelj razlikuje od sleparja? V prisotnosti razsvetljenega modreca, ki je združen z božanskim, čuti človek jasno, očitno avro ljubezni in spokojnosti. Opazi, kako le-ta vsakogar obravnava enako, z brezmejno in povsem brezpogojno ljubeznijo, ne glede na njegove vrline in grehe, družbeni in gmotni položaj, raso ali religijo. Vsaka beseda in dejanje pravega mojstra služi temu, da nas duhovno povzdigne. V njem ali njej ni sledu ega ali sebičnosti. *Mahatma* sprejme vsakogar in vse ter jim služi z odprtimi rokami.

Idealen primer takšnega mojstra je Šri Mata Amritanandamayi Devi, ki jo ves svet globoko spoštuje kot utelešeno Mater Sveta. Ta knjižica vsebuje izbor Njenih duhovnih naukov in odgovore na mnoga pogosto zastavljena vprašanja. Materine besede so preproste besede vaške deklice, hkrati pa imajo globino in neposrednost nekoga, ki govori iz božanske izkušnje. Njeni nauki so univerzalni in primerni za naše vsakdanje življenje, ne glede na to, ali smo resni duhovni iskalci, živimo običajno družinsko življenje ali smo celó skeptiki.

Materini nauki zahtevajo razmišljanje. Niso medeni izreki, ki bi po žlički hranili naš um in razum. Nasprotno, svoj um in intuicijo moramo uporabljati za premišljevanje o Njenih besedah, da bi nam posredovale svoj popoln, obsežen pomen. Včasih se nam bo morda kakšna izjava zazdela nepopolna ali ne povsem jasna. Ko so Mater prosili za nadaljnje pojasnilo, je rekla: »Naj razmislijo!« To pomeni, da načela zahtevajo bolj kontemplacijo kot natančnejša pojasnila. Če si resen iskalec in želiš doseči Samouresničitev ter se temu iskreno posvečaš, ponižno preučuješ in prakticiraš te nauke, lahko zagotovo dosežeš cilj. Odpri to knjižico na slepo in videl boš, če Materine besede ne govorijo prav tebi.

Kratek oris Materinega življenja

»Od trenutka, ko sem se rodila, sem čutila izjemno ljubezen do Božjega imena. Tako močno, da sem neprestano, z vsakim svojim dihom, ponavljala to ime. Tako je bil v mojem umu nenehen pretok božanskih misli, ne glede na to, kje sem bila ali kaj sem počela. To nenehno spominjanje Boga z ljubeznijo in predanostjo lahko silno pomaga vsakemu aspirantu, da doseže božansko uresničitev.«

Rojena 27. septembra 1953 v zakotni ribiški vasici na jugozahodni obali Indije, je Sudhamani (Čisti Dragulj), kot so jo poimenovali starši, že od vsega začetka kazala znake božanskosti. Njena polt je bila ob rojstvu nenavadno temno modra. Materni jezik malayalam je pričela govoriti že, ko ji je bilo komaj šest mesecev, pa tudi hoditi je začela že pri tej starosti, ne da bi se prej plazila, kot to običajno počno dojenčki.

Pri svojih petih letih je Sudhamani že skladala nabožne pesmi, posvečene Krišni – pesmi polne ljubezni in globokega hrepenenja po Gospodu. Verzi, čeprav otroški v svoji nedolžni preprostosti, so bili polni izjemne filozofske in mistične globine. V domači vasi je postala znana po svojih pesmih in lepem glasu, ki je izviral iz njene duše. Pri komaj devetih letih je morala zapustiti šolo, ker je njena mati zbolela za revmatizmom in ni mogla več skrbeti za dom. Vstajala je precej pred svitom in delala do enajstih ponoči, kuhala za vso družino, skrbela za krave, gosi in race, prala oblačila za vso družino, čistila hišo in dvorišče itd. Vsak prosti trenutek dolgega delovnega dne je izkoristila za meditacijo, petje pesmi, ki so ji privrele iz srca ter molitve h Gospodu Krišni.

Že davno pred tem je imela številne božanske vizije in izkusila stanje *samadhija* (enosti z Bogom). Ko je bila stara sedemnajst let, se je to stanje še poglobilo v trajno združenost z Božanskim. Svet je izkusila kot manifestacijo vseprežemajoče Enosti. Samo omemba Boga je že potopila njen um v globoko notranjo zamaknjenost.

V tem času jo je, sledeč viziji, prevzela močna želja, da uresniči Božansko Mater. Ob odrekanju počitku, hrani in zavetju, se je Sudhamani podvrgla več strogostim. Ta čas intenzivnega tapasa (odrekanja) je dosegel svoj višek, ko se je pred njo pojavila Božanska Mati kot sijoča Božanska Luč, ki se je zlila z njo. Po tem Sudhamani ni več čutila nagnjenja, da bi se družila z ljudmi in je večino svojega časa preživljala v samoti uživajoč blaženost Samouresničitve.

Nekega dne je v sebi zaslišala glas: »Otrok moj, prebivam v srcih vseh bitij in nimam stalnega bivališča. Na ta svet nisi prišla samo zato, da bi uživala čisto blaženost Jaza, pač pa zato, da bi potolažila trpeče človeštvo. Odslej Me obožuj v srcih vseh bitij tako, da jih osvobodiš trpljenja posvetnega življenja.«

Odtlej je Sudhamani, ki so jo vsi začeli klicati »Amma« (Mati), posvetila vsak trenutek svojega življenja za blagor človeštva. Vsak dan se na tisoče ljudi z vsega sveta zgrne k Njej, da bi prejeli Njeno ljubezen, vodstvo in blagoslove ter preprosto izkusili Njeno navzočnost. Mati je ustanovila tudi obširno mrežo dobrodelnih, duhovnih in izobraževalnih dejavnosti, ki vključuje bolnišnice za revne, sirotišnice, 25 000 hiš za brezdomce, domove za ostarele, redne pokojnine za desettisoče najbolj revnih žensk, brezplačne obroke hrane in svetišča po vsej Indiji. Ti praktični dokazi Materinega sočutja še naprej rastejo in se širijo z neverjetno hitrostjo.

Mati potrpežljivo posluša vse, ki pridejo k Njej, ko ji pripovedujejo o svojih problemih. Tolaži jih tako, kot jih lahko tolaži le ljubeča mati in celó bolj ter lajša njihovo trpljenje. Pravi: »Različni ljudje pridejo, da bi videli Mater, nekateri niti niso predani, pridejo zato, da bi rešili svoje posvetne probleme ali bili ozdravljeni svojih bolezni. Mati nikogar ne odslovi. Kako bi lahko kogarkoli zavrnila? Je kdo drugačen od Matere? Mar nismo vsi biseri, nanizani na nitki življenja? Vsak vidi Mater glede na svojo raven razumevanja. Tisti, ki me ljubijo in tisti, ki me sovražijo, so zame enaki.«

O Materi

1.   Otroci moji, mati, ki vas je rodila, lahko skrbi za stvari, ki se tičejo vašega sedanjega življenja. Dandanes je celó to redkost. Materin (Ammin, op.prev.) cilj pa je, da vas pripelje na takšno pot, da boste uživali blaženost v vseh svojih prihodnjih življenjih.

2.   Če iztiskate gnoj iz rane, je lahko boleče. Toda, ali se pravi zdravnik temu izogne le zato, ker boli? Podobno izkusite nekaj bolečine, ko se odstranjujejo vaše *vasane* (prirojena nagnjenja). To je za vaše dobro. Tako kot vrtnar odstranjuje škodljivce, ki uničujejo poganjke mlade rastline, odstranjuje Mati vaša negativna nagnjenja.

3.   Morda vam ni težko ljubiti Matere, vendar to ni dovolj. Poskušajte videti Mater v

vsakomur. Otroci moji, ne mislite, da je Mati omejena samo na to telo.

4. Otroci moji, resnično ljubiti Mater pomeni enako ljubiti vsa bitja na svetu.

5. Ljubezen tistih, ki ljubijo Mater le tedaj, ko jim Mati izkaže ljubezen, ni prava. Le tisti, ki se držijo Matere kljub Njenemu oštevanju, so resnično predani.

6. Tisti, ki živijo v tem ašramu in se učijo iz Materinih dejanj, bodo osvobojeni. Če premišljujete o Materinih besedah in dejanjih, vam ni potrebno proučevati nobenih drugih svetih spisov.

7. Um se mora nečesa oklepati, vendar to brez vere ni mogoče. Ko seme vzklije, je njegova nadaljnja rast odvisna od njegove zakoreninjenosti v prsti. Če nismo zakoreninjeni v veri, duhovna rast ni mogoča.

8.　　　Ne glede na to, kje ste, bi morali bodisi tiho ponavljati svojo mantro ali meditirati. Če to ni mogoče, lahko berete duhovne knjige. Ne zapravljajte časa. Četudi bi izgubili tisoče evrov, Matere to ne skrbi toliko, kot če je izgubljen en sam vaš trenutek. Denar je mogoče zopet dobiti, izgubljenega časa pa nikoli več. Otroci moji, vedno se zavedajte vrednosti časa.

9.　　　Otroci moji, Mati ne govori, da morate verjeti v Mater ali Boga v nebesih. Dovolj je, da verjamete vase. Vse je v vas.

10.　　　Če resnično ljubite Mater, delajte duhovne vaje in spoznajte svoj Jaz. Mati vas ljubi, ne da bi karkoli pričakovala od vas. Materi je dovolj, če lahko vidi svoje otroke uživati neskončen mir, ki vas prežema noč in dan.

11.   Šele ko nesebično ljubite celó mravljo, bo Mati smatrala, da Jo resnično ljubite. Materi se nobena druga ljubezen ne zdi prava. Tako imenovana ljubezen, ki je rojena iz sebičnosti, daje Materi žgoč občutek.

12.   Materina narava se spreminja glede na vaše misli in dejanja. Gospod v podobi Narasimhe (božanskega človeka-leva), ki je rjoveč s silno popadljivostjo planil na demonskega kralja Hiranyakashipuja, je bil v prisotnosti Prahlada povsem krotek. Bog, ki je čist in onkraj vseh lastnosti, ravna različno glede na njihova dejanja. Podobno se Materino vedenje spreminja glede na razpoloženje Njenih otrok. Mati, ki jo častite kot Snehamayi (utelešenje ljubezni), se lahko občasno pojavi kot Krooramayi (kruta). To pa zato, da popravi napake v vedenju svojih otrok. Edini Materin namen je, da vas napravi dobre.

Duhovni mojster

13.   Ko enkrat poznate trgovino, v kateri lahko kupite vse, kar potrebujete, zakaj bi se potepali po drugih trgovinah na trgu? To bi bilo brez koristi in tratenje časa. Tudi ko najdete popolnega mojstra, ni nobene potrebe, da bi tavali; le delajte svoje duhovne vaje in si prizadevajte doseči cilj.

14.   Duhovni mojster je nujen za iskalca. Če otroka zanese preblizu ribnika, ga mati opozori na nevarnost in ga odvede proč. Enako da mojster učencu nauke, ki so potrebni. Mojster je vedno pozoren na svojega učenca.

15.   Čeprav je Bog vseprežemajoč, je prisotnost duhovnega mojstra brez primere. Veter piha povsod, vendar v senci dreves uživamo poseben hlad. Mar nima vetrič, ki pihlja skozi krošnje dreves, resnično blagodejnega učinka

na tiste, ki potujejo po žgočem soncu? Enako je duhovni mojster nujen za tiste, ki živijo v žgoči vročini posvetnega življenja. Mojstrova prisotnost nam daje notranji mir in ubranost.

16. Otroci moji, ni pomembno, koliko časa so iztrebki na soncu, smrad ne bo izginil, dokler prostor ne bo izpostavljen vetru in prepihu. Lahko leta meditirate, a vaše *vasane* še zmeraj ne bodo odstranjene, če ne živite s svojim duhovnim mojstrom. Mojstrova milost je nujno potrebna. Le v nedolžni um izlije Mojster svojo milost.

17. Da bi duhovno napredovali, je nujno, da ste popolnoma predani svojemu duhovnemu učitelju. Ko se otrok uči abecedo, prime učitelj njegov prst in naredi z njim sled črke v pesek. Učitelj nadzoruje gibanje otrokovega prsta. Toda če otrok ponosno razmišlja: »Vse znam« in noče ubogati učitelja, kako se bo česarkoli naučil?

18.   Otroci moji, izkušnje so pravi guru vsakega človeka. Žalost je učitelj, ki nas približa Bogu.

19.   Do svojega duhovnega učitelja bi morali imeti *bhaya bhakti* (ponižno predanost). Hkrati pa bi morali imeti tesen odnos z mojstrom in čutiti, da je on ali ona zares povsem naš/a. Odnos bi moral biti tak, kot je med materjo in otrokom. Naj ga mati še tako šeška ali odriva, se Je otrok še naprej drži. Ponižna predanost nam pomaga duhovno napredovati, vendar bo korist od tega le, če je odnos z mojstrom tesen.

20.   Otroci moji, samo ljubezen do mojstra ne bo uničila vaših *vasan*. Potrebujete predanost in vero, ki temeljita na osnovnih načelih duhovnosti. Da bi to razvili, je nujno potrebna popolna predanost telesa, uma in razuma. Popolna vera in pokorščina mojstru sta dovolj, da se izkoreninijo *vasane*.

21.   Recimo, da je bilo seme posejano v senci drevesa. Ko prične kaliti, ga je treba presaditi; sicer rastlina ne bo rastla pravilno. Prav tako bi moral učenec vsaj dve ali tri leta ostati z mojstrom. Po tem naj bi v samoti izvajal duhovne vaje. To je potrebno za učenčev duhovni napredek.

22.   Pravi mojster bo želel le duhovni napredek učenca. Preizkušnje in skušnjave so potrebne za učenčev napredek in zato, da odstranijo njegove slabosti. Mojster lahko učenca ošteva celó za napake, ki jih ni zagrešil. Le tisti, ki se resno zoperstavijo skušnjavam, bodo napredovali.

23.   Pravega Guruja lahko spoznamo le skozi izkušnjo.

24.   Umetno gojen piščanec ne more preživeti, če nima idealnega okolja in hrane. Nasprotno pa na kmetih izvaljen piščanček

živi od kakršnekoli hrane, v kakršnihkoli okoliščinah. Otroci moji, duhovni aspiranti, ki živijo z mojstrom, so kot piščanci na kmetih. Pogumno se bodo spopadli z vsako situacijo. Nič jih ne more podjarmiti. S seboj bodo zmeraj nosili moč, ki so jo prejeli med svojim tesnim druženjem z mojstrom.

25.   Učenec ima lahko posesiven odnos do mojstra. Takšnega vedenja ni lahko izničiti. Učenec si lahko želi kar največ mojstrove ljubezni. Ko se zdi, da je ne dobijo, lahko začnejo nekateri učenci sramotiti mojstra ali ga celó zapustijo. Če si učenec želi mojstrove ljubezni, se mora naučiti nesebičnega služenja.

26.   Božja jeza se lahko pomiri, toda niti Bog ne bo odpustil greha, ki se je dvignil iz zaničevanja duhovnega mojstra.

27.   Bog in duhovni učitelj sta v vsakomur. Vendar je na začetnih stopnjah duhovnega

urjenja zunanji učitelj izrednega pomena. Po določeni točki pa ni več nujen. Od tedaj bo duhovni aspirant sposoben v vsem doumeti bistvena načela in nadaljevati pot po svoje. Dokler se otrok ne zaveda svojega cilja, se uči lekcij zaradi strahu, da bi ga ošteli starši in učitelji. Ko pa se enkrat zave svojega cilja, se uči sam od sebe, pri čemer se odreče spanju, filmom in drugim rečem, v katerih uživa. Strah in strahospoštovanje, ki ga je imel doslej do svojih staršev, nista več pomanjkljivost. Otroci moji, ko v vas vzide zavest cilja, se bo v vas spontano prebudil notranji guru.

28.   Četudi nekdo pride v stik z duhovnim mojstrom, bo sprejet kot njegov učenec le, če se ujema z njim. Brez mojstrove milosti ni mogoče spoznati mojstra. Tisti, ki iskreno išče Resnico, je ponižen in preprost. Le k takšni duši se bo zlivala mojstrova milost. Tisti, ki so polni ega, do mojstra ne bodo imeli dostopa.

29.   Otroci moji, lahko rečete: »Bog in jaz sva eno in isto,« toda učenec ne more nikoli reči: »Moj mojster in jaz sva eno.« Kajti duhovni mojster je tisti, ki prebuja božanski »Jaz« v tebi. Ta edinstvena veličina bo zmeraj ostala. Učenec se mora vesti temu primerno.

30.   Tako kot koklja ščiti svoja na novo izvaljena piščeta pod perutmi, pravi mojster prevzame popolno skrb za tiste, ki živijo po njegovih naukih. Mojster jih opozarja celó na njihove neumne napake ter jih tu in tam popravlja. Mojster ne dovoli, da bi se v učencu razvil niti kanček ega. Da bi oklestil učencev ponos, mora občasno delovati na videz kruto.

31.   Ko vidite kovača, ki s svojim kladivom udarja po vročem kosu železa, morda pomislite, kako je krut. Tudi kos železa bi lahko čutil, da je kovač najbolj krut na svetu. Vendar pri vsakem udarcu kovač misli le na novo obliko,

ki bo kmalu nastala. Otroci moji, takšen je pravi duhovni učitelj.

Bog

32.   Mnogi sprašujejo: »Ali obstaja Bog? Če je Bog, kje je?« Vprašajte te ljudi: »Kaj je nastalo prej, kokoš ali jajce?« Ali: »Kaj je bilo prej, kokos ali kokosova palma?« Kdo lahko odgovori na ta vprašanja? Onkraj kokosa in kokosove palme obstaja živa moč, ki je temelj vsega, neopisljiva moč. To je Bog. Otroci moji, ta prvotni vzrok vsega se imenuje Bog.

33.   Otroci moji, zanikati obstoj Boga je kot da bi z uporabo svojega jezika rekli: »Nimam jezika.« Tako kot seme vsebuje drevo in je maslo v smetani, prebiva Bog v vsem.

34.   Da seme lahko vzklije, se mora s ponižnostjo spustiti pod zemljo, pa čeprav se v njem skriva drevo. Biti mora ponižno. In da se izvali jajce, ga je treba valiti. Potrebno je veliko potrpežljivosti. Maslo lahko pridobimo

iz smetane šele, ko je le-ta posneta z mleka in nato stepena v pinji. Čeprav je Bog vseprežemajoč, je potrebno vztrajno prizadevanje, da Ga uresničimo.

35.   Kjer sta ego in sebičnost, se Boga ne da videti. Če se nam zaradi naših iskrenih molitev za korak približa, se bo zaradi naše sebičnosti oddaljil od nas za tisoč korakov. Skok v vodnjak ne vzame veliko časa, težko pa je potem splezati iz njega. Podobno je z Božjo milostjo, ki jo je tako težko doseči - lahko je v trenutku izgubljena.

36.   Otroci moji, četudi kdo dela pokoro v mnogih življenjih, Samouresničitev ni mogoča brez nedolžne ljubezni in hrepenenja po Najvišjem Bitju.

37.   Na žensko gleda njen brat kot na svojo sestro, njen mož kot na svojo ženo in njen oče kot na svojo hčer. Ni pomembno, kako jo kdo

vidi, ona je ena in ista oseba. Podobno je Bog En sam. Vsak človek gleda Boga na svoj način, glede na svojo naravnanost.

38.	Bog lahko prevzame katerokoli obliko. Če naredite kakšno igračo iz gline – slona ali konja, na primer – bo glina še vedno glina. Iz gline lahko oblikujete različne oblike. Podobno lahko številne oblike izrezljate iz lesa; toda če vidite les kot les, je v osnovi to les. Prav tako je Bog vseprežemajoč in nima nobenih lastnosti, vendar se vam razkriva glede na vašo naravnanost.

39.	Otroci moji, tako kot se voda spremeni v led in se ta spet stopi v vodo, lahko Bog po Svoji volji prevzame katerokoli obliko in se potem zopet povrne v Svojo prvotno naravo.

40.	Vodo, ki teče v različne smeri, lahko zberemo v zbiralnik, če zgradimo jez. Na ta način se lahko iz sile vodnega padca, ki pri tem nastane, proizvede elektrika. Če urimo svoj um, ki zdaj tava med različnimi čutnimi predmeti, s koncentracijo, se bo skozi moč te koncentracije pojavila vizija Boga.

41.	Otroci moji, ko enkrat najdemo svoje zatočišče v Bogu, se ni več treba ničesar bati. Bog bo poskrbel za vse. Otroci se radi igrajo lovljenje. Eden od otrok lovi in se poskuša dotakniti drugega, ki bi lovil naslednji. Drugi otroci bežijo pred njim in se poskušajo izogniti dotiku. Če se kateri od otrok dotakne prej določene »varne« točke, ga ta ne sme ujeti. Podobno je, če se primemo Boga, nam nihče ne more nič storiti.

42.	Ko kdo opazuje portret svojega očeta, ne misli na umetnika oziroma slikarja; portret ga spominja na očeta. Podobno častilec v svetih podobah vidi Boga, univerzalnega Očeta in Mater. Ateisti morda porečejo, da častijo kip, ne pa podobe. To pravijo le zato, ker nimajo predstave o Bogu in ne poznajo principov za čaščenjem ikon, otroci moji.

43.   Nobenega smisla nima oštevati Boga za probleme in krivice v svetu. Bog nam kaže pravo pot in ni odgovoren za bedo, ki jo povzročamo sami, ker ne sledimo tej poti. Zato nima smisla očitati Bogu. Mati reče svojemu otroku: »Ne dotikaj se plamena!" ali: „Hodi ob robu ribnika!« Če otrok ne uboga in si ožge roko ali pade v ribnik, zakaj bi krivili mater?

44.   Tisti, ki leno posedajo in pravijo: »Bog bo vse naredil,« so lenuhi. Bog nam je dal pamet zato, da bomo uporabili svojo sposobnost razločevanja pri vsakem dejanju. Če bomo preprosto rekli, da bo Bog poskrbel za vse, zakaj imamo potem pamet?

45.   Nekateri lahko sklepajo: »Če je vse Božja volja, mar ni Bog sam tisti, ki tudi povzroča, da zagrešimo napake?« To je brez

pomena. Odgovornost za vsako dejanje, ki ga storimo z občutkom ega, ostaja povsem naša in ni Božja. Če resnično verjamemo, da je Bog tisti, ki je povzročil, da smo zagrešili zločin, moramo biti sposobni sprejeti obsodbo sodišča kot obsodbo Boga. Smo tega zmožni?

46.   Otroci moji, uresničitev Boga in Samouresničitev sta eno in isto. Razsežnost, popolna ravnodušnost in sposobnost ljubiti vse – to je uresničitev Boga.

47.   Četudi nas ljubijo vsa bitja na svetu, nam ta ljubezen ne more dati niti delčka blaženosti, ki jo izkusimo v kančku Božje ljubezni. Tako velika je blaženost, ki jo dobimo iz Božje ljubezni, otroci moji, da se nobena druga, še tako velika ljubezen, ne more primerjati z njo.

48.   Mar lahko samo zato, ker ne morete videti Boga, pravite, da Boga ni? Mnogo jih

ni nikoli videlo svojega dedka. Mar naj zato pravijo, da njihov oče ni imel očeta?

49.   Kot otroci zastavljamo nešteto vprašanj. Veliko smo se naučili od svoje matere in sodelovali z njo. Ko postanemo malce starejši, delimo svoje probleme s svojimi prijatelji. Kot odrasli zaupamo svojemu možu ali ženi. To je naša *samskara* (notranje nagnjenje). To moramo spremeniti. Svoje skrbi bi morali biti sposobni deliti z nečim znatno obsežnejšim. Svoje skrbi moramo deliti z nekom – ne moremo napredovati brez prijatelja; vendar naj bo ta prijatelj in zaupnik Bog.

50.   Današnji prijatelj lahko postane jutrišnji sovražnik. Edini prijatelj, ki mu lahko vedno resnično zaupamo in se k Njemu zatečemo, je Bog.

51.   Ima Bog kaj od tega, če verujemo Vanj? Ali sonce išče svetlobo sveče? Vernik je

tisti, ki ima koristi od svoje vere. Ko verujemo in častimo Boga v svetišču ter smo priča gorenju kafre kot darovanju Bogu, smo mi tisti, ki izkusimo koncentracijo in mir.

52. Ljudje različnih religij sledijo različnim navadam in imajo različna mesta za čaščenje, Bog pa je en in isti. Tako kot se mleko v jeziku Malayalam imenuje »pal,« v jeziku Hindi pa »dhoodh,« sta snov in barva mleka isti. Kristjani častijo Kristusa. Muslimani imenujejo Boga Alah. Oblika Krišne v Kerali ni enaka kot v severni Indiji, kjer si Ga predstavljajo tako, da nosi turban itd. Vsak razume in časti Boga glede na svojo kulturo in okus. Božanske inkarnacije so istega Boga prikazovale v različnih oblikah, glede na potrebe tiste dobe in različna nagnjenja ljudi.

53. Da bi se od istovetenja s telesom povzdignili na raven sijočega Jaza, morate čutiti enako mero obupa kot oseba, ki je ujeta

v goreči hiši, ali tisti, ki se utaplja in ne zna plavati, a še čuti, da je živ. Iskalec s takšno napetostjo na vizijo Boga ne bo čakal dolgo.

54.   Otroci moji, če smo izgubili ključ, gremo h ključavničarju, da nam bo zamenjal ključavnico. Da bi odklenili ključavnico privlačnosti in odpora, moramo, podobno, poiskati ključ, ki leži v Božjih rokah.

55.   Bog je temelj vsega. Naša vera v Boga ljubi cvet znotraj nas. Posledica te ljubezni je občutek *dharme*, ki sledi iz občutka pravičnosti. Potem izkusimo mir. V svojem vživljanju v občutke drugih moramo tako vneto lajšati njihovo trpljenje, kot bi z mazilom zdravili opeklino na svoji roki. Ta lastnost se lahko razvije iz resnične vere v Boga.

Mahatme

Velike duše

56.   »Isti Jaz, ki prebiva v vseh bitjih, prebiva tudi v meni. Nič ni drugačno ali ločeno od mene. Trpljenje in muke drugih so moje lastne.« Tisti, ki spozna te resnice skozi svojo izkušnjo, je *jnani* (modrec).

57.   Razliko med božansko inkarnacijo in osvobojeno posamezno dušo lahko primerjamo z razliko med pevcem, ki se je rodil kot čudežni otrok in tistim, ki se je šele pred kratkim naučil peti. Ko je slišal pesem le enkrat, jo lahko prvi takoj pravilno zapoje, medtem ko drugemu to vzame več časa.

58.   Ker je vse del Boga, je vsakdo božanska inkarnacija. Tisti, ki ne vedo, da so del Boga in mislijo: »Jaz sem to telo; to je *moja* hiša in *moja* lastnina«, so *džive* (posamezne duše).

59.   Sestop Boga v človeško obliko se imenuje *avatar* (božanska inkarnacija). *Avatar* ima občutek popolnosti, ki ga drugi nimajo. Ker je *avatar* eno z naravo, njegov ali njen um ni tisto, čemur običajno pravimo um. Vsi umi so del Uma božanske inkarnacije. Inkarnacija je univerzalni um. On ali ona je onkraj vseh parov nasprotij kot so čistost in nečistost, veselje in žalost.

60.   Božanske inkarnacije nič ne omejuje. *Avatar* v Brahmanu (Absolutno Bitje) je kot ledena gora v Oceanu. Celotna Božja moč ne more biti vsebovana v 150 ali 180 cm visokem človeškem telesu, vendar lahko Bog po svoji volji deluje skozi to majhno telo. To je edinstvena lastnost božanske inkarnacije.

61.   Božanske inkarnacije so v veliko pomoč, da približajo ljudi Bogu. Le zaradi vas Bog prevzame obliko. *Avatar* ni telo, čeprav se lahko zdi, da je.

62.   Kamorkoli *mahatma* gre, se ljudje zbirajo okrog njega ali nje. *Mahatma* pritegne ljudi kot zračni vrtinec prah. Dih *mahatme* in celó rahel piš, ki se dotakne njegovega ali njenega telesa, koristi svetu.

63.   Otroci moji, Jezus je bil križan in Krišno je ubila puščica. Te stvari se zgodijo le, če je takšna njihova volja. Nihče se ne more približati božanski inkarnaciji proti njegovi ali njeni volji. Krišna in Jezus bi lahko tiste, ki so jima nasprotovali, spremenila v pepel, a jih nista. Utelesila sta se le zato, da bi svetu dala zgled. Prišla sta, da bi pokazala pomen žrtvovanja.

64.   *Sanjasi* (menih) je tisti, ki se je odpovedal vsemu. *Sanjasiji* so tisti, ki pretrpijo in odpustijo hudodelstva drugih in jih ljubeče vodijo po pravi poti. So zgled samožrtvovanja. So vselej blaženi in njihova sreča ni odvisna od zunanjih okoliščin. Uživajo v lastnem Jazu.

65.   Odrasel, ki hodi ob majhnem otroku in ga drži za roko, bo hodil počasi in z majhnimi koraki, da se otrok ne bi spotaknil in padel. Da bi povzdignili običajne ljudi, se je prav tako treba najprej spustiti na njihovo raven. Iskalec ne bi smel biti nikoli ponosen ali domišljav, misleč: »Jaz sem *sanjasi!*« Biti mora zgled svetu.

66.   V času Svojega življenja je Krišna igral mnogo vlog – vlogo kravjega pastirja, kralja, kurirja, glave družine in kočijaža. Nikoli ni bil vzvišen, misleč: »Jaz sem Kralj!« Krišna je razmišljal, kako naj vodi človeka, ko je bil v določeni vlogi, glede na njegovo ali njeno *samskaro* (mentalno nagnjenje). Samo takšne velike duše lahko vodijo svet.

67.   So ljudje, ki si oblečejo oker oblačilo in ponosno razglašajo: »Jaz sem *sanjasi!*« So kot divje rastline taro (*Colocasia esculenta*, op.p.): divje in kultivirane vrste so videti podobno,

vendar divja rastlina nima gomoljev, da bi jih lahko izkopali. Oker je barva ognja. Le tisti, ki so sežgali svojo telesno zavest, so vredni, da nosijo takšno oblačilo.

Sveti spisi

68.   Otroci moji, sveti spisi so izkušnje *rišijev* (samouresničenih vidcev). Z umom jih ni mogoče razumeti. Spoznati jih je mogoče le z lastno izkušnjo.

69.   Ni se nam treba učiti vseh svetih spisov; so tako obsežni kot ocean. Izbrati moramo le njihova bistvena načela, kot bi pobirali bisere iz morja. Tisti, ki žveči košček sladkornega trsa, izsesa le sok in izpljune steblo.

70.   Le tisti, ki se duhovno urijo, lahko razumejo subtilni pomen svetih spisov.

71.   Samó preučevanje svetih spisov ne pripelje do popolnosti. Da bi se pozdravili, branje navodil o uporabi zdravila na steklenički z zdravili ni dovolj. Zdravilo je treba zaužiti. Osvoboditve ne moremo doseči le s preučevanjem svetih spisov. Bistvena je praksa.

72.   Bolje je oboje, meditirati in preučevati svete spise, kot samo meditirati brez preučevanja svetih spisov. Če se um tistega, ki preučuje svete spise, vznemiri, ne bo postal depresiven, pač pa bo sposoben zopet dobiti notranjo moč s premišljevanjem o besedah iz svetih spisov. Sveti spisi mu pomagajo premagovati njegove slabosti. Le tisti, ki kombinirajo duhovne vaje s preučevanjem svetih spisov, lahko resnično nesebično služijo svetu.

73.   Preučevanje svetih spisov je do določene stopnje nujno. Kdor je študiral poljedelstvo, lahko zlahka posadi in neguje kokosovo palmo. Če se pojavi kak simptom bolezni, bo seznanjen s primernim zdravljenjem in bo vedel, kako ravnati z drevesom.

74.   Samo z risanjem kokosa ne moremo pogasiti svoje žeje. Da bi dobili kokos, moramo najprej posaditi in vzgojiti sadiko kokosove

palme. Da izkusimo vse, kar je opisano v svetih spisih, moramo izvajati duhovne vaje.

75.   Kdor preživlja ves svoj čas samo v branju svetih spisov, ne da bi izvajal duhovne vaje, je kot norec, ki poskuša živeti v načrtu hiše.

76.   Če je popotnik seznanjen s potjo, po kateri potuje, bo potovanje enostavno in bo kmalu dosegel cilj. Otroci moji, sveti spisi so zemljevidi, ki nam kažejo pot k našemu duhovnemu cilju.

77.   Tisti, ki je izbral duhovno življenje, ne bi smel zapraviti več kot tri ure na dan za preučevanje svetih spisov. Ostali čas mora posvetiti ponavljanju mantre in meditiranju.

78.   Prekomerno vdajanje proučevanju svetih spisov vas bo odvračalo od meditiranja. V vašem umu bo zmeraj prisotna želja, da bi poučevali druge. Mislili boste: »Jaz sem Brahman (najvišje Bitje), zakaj bi torej sploh

meditiral?« Četudi poskušate sedeti, da bi meditirali, vam tega um ne bo dovolil in vas bo prisilil, da vstanete.

79.   Otroci moji, kaj boste dosegli z zapravljanjem vsega svojega življenja ob preučevanju svetih spisov? Da bi vedeli, kakšnega okusa je sladkor, vam ga ni treba pojesti cele vreče. Ščepec je dovolj.

80.   Žitno zrno v kašči verjame, da je samozadostno. Pravi: »Zakaj bi se klanjalo zemlji?« Ne zaveda se, da se lahko množi in koristi samo, če pride iz kašče in vzkali. Če ostane v kašči, bo postalo samo hrana za podgane. Ljudje, ki proučujejo svete spise, ne da bi delali tudi duhovne vaje, so kot zrno v kašči. Kako bodo, ne da bi izvajali duhovne vaje, sposobni to znanje pravilno uporabiti? Takšni ljudje so kot papige; znajo le ponavljati: »Jaz sem Brahman, jaz sem Brahman.«

Jnana, Bhakti in
Karma Joga

Pot znanja, predanosti in delovanja

81.　　Nekdo rad jé surov indijski kruhovec, drugemu je všeč kuhan, tretji ima najraje ocvrtega. Njihovi okusi se razlikujejo, namen uživanja pa je potešiti lakoto. Prav tako vsak človek ubere drugačno pot k Bogu. Otroci moji, ne glede na to, kakšno pot izberete, cilj je isti: uresničitev Boga.

82.　　Predanost brez pravega razumevanja bistva duhovnosti lahko vodi le k navezanosti; ne more te nagraditi z osvoboditvijo. Ovijalka zvezdastega jasmina (*Trachelospermum jasminoides*, op.p.) se ne dviguje kvišku; ko se ovija okrog drugih rastlin, se razrašča na vse strani.

83.　　Znanje brez predanosti je kot da bi jedli kamenje.

84.　　Da bi se v jedru duhovnosti usidrala resnična predanost, je potrebno, da najdemo zavetje v enem Bogu – ki se manifestira v vsem – z nesebično ljubeznijo in brez razmišljanja o mnogih različnih Bogovih. Da bi ohranili svoj cilj v umu jasen, se moramo premikati naprej. Če želiš na vzhod, nima smisla, da potuješ na zahod.

85.　　Otroci moji, cilj življenja je Samouresničitev. Stremite za tem! Zdravilo je treba dati na rano šele po tem, ko smo jo očistili umazanije. Če umazanija ostane, se rana ne bo zacelila in lahko pride do okužbe. In šele po tem, ko ego speremo z vodo predanosti in ljubezni, smo deležni najvišjega znanja. Šele po tem se nam razkrije duhovnost.

86.　　Če je maslo staljeno, ne bo postalo žarko. Če se ne želi stopiti in reče ponosno: »Jaz sem maslo,« bo kmalu začelo smrdeti.

Otroci moji, le skozi predanost lahko stopimo ego in druge nečistosti.

87.　　　Nekateri sprašujejo, zakaj Mati toliko pozornosti posveča *bhakti jogi* (poti predanosti in ljubezni). Otroci moji, celó Shankaracharya, ki je bil *advaitist* (ne- dualistični filozof), je nazadnje napisal delo, ki vključuje predanost, *Saundarya Lahari.* Modrec Vyasa, ki je spisal *Brahma Sutre,* je bil zadovoljen šele po pisanju *Šrimad Bhagavatama,* ki slavi življenje Šri Krišne. Ko sta Shankaracharya in Vyasa spoznala, da so imeli pogovori o *advaiti* in filozofiji *Brahma Suter* le majhno korist za večino ljudi, sta sestavila delo, ki vključuje predanost. Med tisoč ljudmi lahko le eden ali dva človeka dosežeta cilj po poti *jnana joge* (pot znanja in modrosti). Kako naj Amma zavrne vse druge iskalce? Kajti zanje je učinkovita le *bhakti joga.*

88.　　　Če sledimo poti predanosti in ljubezni, lahko uživamo sadove blaženosti že od vsega začetka; medtem ko na drugih poteh okušamo sadove šele na koncu. Pot predanosti je kot drevo indijskega kruhovca, ki nosi plodove že na začetku debla. Pri drugih drevesih moraš splezati na vrh, da prideš do sadeža.

89. Na začetku je potrebno imeti *bhayo bhakti* (predanost s prvino strahospoštovanja in čaščenja) do Boga. Pozneje to ni več potrebno. Ko dosežemo stanje najvišje ljubezni, prvina strahospoštovanja in čaščenja izgine.

90. Vsi pravijo, da je delovanje dovolj. Toda, da bi pravilno delovali, je potrebno védenje. Delovanje brez védenja ne more biti pravilno delovanje.

91. Dejanja, storjena z veliko pozornostjo, te bodo privedla k Bogu. Bodi zelo pozoren in čuječ, kajti le tedaj lahko dosežeš koncentracijo. Pogosto šele potem, ko smo nekaj storili, spoznamo, kako bi bili lahko še bolj pozorni.

Šele potem, ko študent zapusti izpitno predavalnico, pomisli: »Oh, ne! Moral bi odgovoriti drugače, ne pa tako, kot sem!« Kakšen smisel ima tedaj premišljevati o tem?

92. Otroci moji, vsako dejanje mora biti storjeno z veliko pozornostjo in čuječnostjo. Dejanja brez teh lastnosti nimajo pomena. Duhovni aspirant si lahko prikliče v spomin podrobnosti nalog, ki jih je izvedel že pred leti, zaradi skrajne pozornosti, s katero je te naloge opravil. Celó na videz vsakdanje opravke je treba opravljati s skrajno pozornostjo.

93. Igla se lahko zdi neznatna, a ko jo uporabljaš, moraš biti zelo zbran; sicer vanjo ne moreš vdeti niti. Če med šivanjem za trenutek nisi pozoren, se lahko zbodeš v prst. In nikoli je ne smeš lahkomiselno odvreči na tla, ker se lahko kdo zbode v stopalo, kar bi mu povzročilo bolečino. Duhovni aspirant bi moral z enako pozornostjo opravljati kakršnokoli delo.

94.   Med delom ne smemo govoriti. Če govorimo, se ne moremo skoncentrirati; delo brez koncentracije ali pozornosti pa je nesmiselno. Ne glede na to, kakšno delo opravljamo, ne smemo nikoli pozabiti na ponavljanje svoje mantre. Če pa je delo tako, da to ni mogoče, potem moramo, preden začnemo delati, moliti: »O, Bog, zaradi Tvoje moči opravljam Tvoje delo. Daj mi moč in sposobnost, da ga opravim dobro.«

95.   Malo je tistih, ki imajo notranje nagnjenje, podedovano iz prejšnjih življenj, da so sposobni slediti poti *jnana* (najvišje znanje in modrost). Toda kdor ima pravega duhovnega učitelja, lahko sledi katerikoli poti.

96.   Predvsem sta pomembni zunanja čuječnost in zavedanje. Dokler tega ni, ni mogoče premagati svoje notranje narave.

97.   Kdor nenehno misli na Boga, medtem ko opravlja katerokoli vrsto dela, je pravi *karma jogi* in pravi iskalec. Takšni ljudje vidijo Boga v vsakem delu, ki ga opravljajo. Njihove misli niso pri delu; njihove misli počivajo v Bogu.

Pranajama

Jogijske dihalne vaje

98.   *Pranajamo* je treba izvajati skrajno pazljivo. Med takšnimi vajami mora aspirant sedeti z vzravnano hrbtenico. Običajne bolezni se da zdraviti in ozdraviti, ne pa tudi okvar zaradi nepravilnega izvajanja *pranajame*.

99.   Med *pranajamo* pride do gibanja črevesja v spodnjem delu trebuha. Vsako vajo *pranajame* je treba izvajati točno določen čas. Če tega ne upoštevamo, bo prišlo do trajne poškodbe prebavnega sistema in ne bomo več mogli prebavljati hrane. Zato bi morali izvajati *pranajamo* le pod neposrednim vodstvom izkušenega poznavalca, nekoga, ki natančno vé, kaj je treba narediti na vsaki stopnji človekovega duhovnega napredka, nekoga, ki lahko dá nujna navodila in ustrezna zeliščna zdravila, če so potrebna. Lahko je nevarno,

če izvajamo *pranajamo* samo s sledenjem napotkom iz knjig. Tega nikoli nihče ne bi smel početi.

100.   Otroci moji, kolikokrat je treba *pranajamo* izvesti, je določeno za vsako fazo. Če ne sledimo tem navodilom dobesedno, so vaje lahko nevarne. Učinek bi bil tak, kot če bi poskušali vsebino deset kilogramske vreče stlačiti v pet kilogramsko.

101.   *Kumbhaka* je zadržan dih, do katerega pride, ko dosežete pravo koncentracijo. Lahko bi rekli, da dih mislite. Tako se ritem dihanja spreminja glede na koncentracijo uma.

102.   Četudi ne delamo *pranajame*, se lahko *kumbhako* doseže s predanostjo. Dovolj je, da nenehno ponavljamo mantro.

Meditacija

103.   Prava izobrazba ali znanje je, da postane naš um zbran.

104.   Meditirate lahko tako, da usmerite svojo pozornost na središče srca ali področje med obrvmi. Če ne morete v določenem položaju sedeti udobno, lahko meditirate tako, da usmerite svojo pozornost na svoje srce. S pozornostjo med obrvmi lahko meditiramo le v navzočnosti mojstra, ker lahko med takšno vrsto meditacije postane vaša glava vroča in dobite glavobol ali postanete omotični. Lahko izkusite tudi nespečnost. Mojster vé, kaj je treba storiti, če se to zgodi.

105.   Meditacija pomaga osvoboditi um nemira in napetosti. Ni vam treba verjeti v Boga, da bi meditirali. Svoj um lahko osredotočite na katerikoli del telesa ali katerokoli

točko. Lahko si tudi predstavljate, da se stapljate z neskončnostjo, tako kot se reka potopi v ocean.

106.   Sreča ni odvisna od zunanjih stvari, pač pa od stapljanja uma. Z meditacijo ne dosežemo le blaženosti, ampak tudi dolgo življenje, vitalnost, zdravje, milino, moč in inteligenco. Vendar je treba meditirati pravilno, v samoti, skrbno in zbrano.

107.   Z meditiranjem na eno od Božjih oblik je mogoče doseči pravo koncentracijo in mentalno čistost. Ne da bi se zavedali, se bodo v nas razvile *satvične* lastnosti našega ljubljenega Božanstva. Tudi kadar sedite tja v en dan, ne dovolite svojemu umu, da pohajkuje. Kjerkoli se vaš pogled ustavi, si predstavljajte, da gledate obliko svojega ljubljenega Božanstva.

108.   Če raje meditirate na plamen, je to prav. Sedite v temni sobi in dolgo časa glejte

gorečo svečo ali kak drug majhen plamen. Plamen mora biti miren. Potem lahko na ta plamen meditiramo tako, da ga vizualiziramo v svojem srcu ali na točki med obrvmi. Po tem, ko boste nekaj časa strmeli v plamen, boste, ko boste zaprli svoje oči, videli luč. Prav tako se lahko skoncentrirate na to luč. Meditirate lahko tudi tako, da si predstavljate, da vaše ljubljeno Božanstvo stoji v plamenu. Vendar je celó bolje, da vizualizirate svoje ljubljeno Božanstvo, da stoji v žrtvenem ognju, ker si potem lahko predstavljate, da darujete svoj ego, jezo, ljubosumje – vse svoje negativne lastnosti – svojemu ljubljenemu Božanstvu, da jih zažge v tem žrtvenem ognju.

109.   Ne prenehajte meditirati samo zato, ker oblika v vašem umu ni jasna. V njem lahko vizualizirate vsak del svojega ljubljenega Božanstva, od glave do prstov na nogah. Božanstvo obredno okopajte. Okrasite Ga ali Jo z oblačili in nakitom. Nahranite Ga ali Jo

s svojimi rokami. S takšnimi vizualizacijami oblika ljubljenega Božanstva v vašem umu ne bo obledela.

110.   Otroci moji, prisiliti um, da meditira, je kot da bi poskušali potopiti kos lesa v vodo; ko boste popustili, se bo les takoj spet pojavil na površju. Če ne morete meditirati, ponavljajte svojo mantro. S ponavljanjem mantre boste pomagali svojemu umu, da bo sposoben meditirati.

111.   Na začetku je meditiranje na obliko nujno. Z meditiranjem na obliko usmerimo svoj um na ljubljeno Božanstvo. Ne glede na to, kako meditirate ali kaj je predmet vaše meditacije, je pomembna koncentracija. Kakšen smisel ima pošiljati pismo, potem ko smo nanj prilepili znamko, nismo pa napisali pravega naslova? Enako je s ponavljanjem mantre ali meditiranjem brez koncentracije.

112.　　Prav ko poskušamo odstraniti negativne misli, nam začnejo le-te povzročati težave. Ko smo se prej vdajali takšnim mislim, nas niso motile. Ko prevzamemo drugačno držo, se zavemo svojih negativnosti. Negativne misli so bile vedno prisotne; vendar jih nismo opazili. Ko se takšne misli med meditacijo dvignejo, bi morali razmišljati tako: »Um, kakšen smisel se ima zadrževati ob teh mislih? Je tvoj cilj, da razmišljaš o takšnih rečeh?« Na tak način bi morali uporabljati razlikovanje. Do posvetnih misli in predmetov bi morali razviti popolno nepristranskost. Gojiti bi morali ravnodušnost in naša ljubezen do Boga bo rasla.

113.　　Otroci moji, če med meditacijo čutite zaspanost, še posebej pazite, da se ji ne prepustite. Če ste zaspani, vstanite in hodite ter medtem ponavljajte svojo mantro; potem bo *tamas* (inertnost) izginil. V začetnih fazah meditacije bodo prišle na površje vse vaše *tamasične* lastnosti. Če boste zbrani, bodo čez čas izginile. Ko čutite zaspanost, ponavljajte mantro z uporabo male (rožnega venca). Držite malo blizu prsnega koša ter počasi, s pozornostjo, ponavljajte mantro. Ko meditirate, se na nič ne naslanjajte in ne premikajte nog.

114.   Ne glede na to, kje ste in če sedite ali stojite, mora biti vaša hrbtenica zmeraj ravna. Ne meditirajte s sključeno hrbtenico. Um je tat, ki zmeraj čaka na priložnost, da te kradoma odpelje. Če se na kaj naslanjate, lahko zaspite, ne da bi se tega zavedali.

115.   Potrebna so najmanj tri leta, da se znotraj vas oblika vaše meditacije pravilno ustali. Na začetku bi si morali z gledanjem slike svojega ljubljenega Božanstva prizadevati za to, da dosežete koncentracijo. Po desetih minutah gledanja oblike svoje meditacije lahko deset minut meditirate z zaprtimi očmi. Če nadaljujete s prakso na ta način, bo postala oblika čez čas jasna.

116.   Če oblika v vašem umu med meditacijo zbledi, jo skušajte ponovno vizualizirati. Lahko si predstavljate tudi navijanje in odvijanje vrvi *džape* okrog svojega ljubljenega Božanstva, od glave do petá in od petá do glave. To vam bo pomagalo osredotočiti vaš um na obliko.

117.   Govorjenje takoj po meditaciji je kot da bi zapravili ves svoj težko zasluženi denar za arašide. Energija pridobljena z meditacijo bo tako povsem zapravljena.

118.   Ponoči je ozračje mirno, kajti takrat ptice, živali in posvetni ljudje spijo. Zato je ponoči v ozračju manj posvetnih miselnih valov. V teh poznih urah cvetijo cvetlice. V tem času ima ozračje izreden energetski učinek. Če tedaj meditirate, bo vaš um zlahka postal enotočkoven in ostal dolgo časa zatopljen v meditaciji. Noč je čas, ko ostanejo jogiji budni.

62

119.   Ko meditiramo na obliko, dejansko meditiramo na svoj pravi Jaz. Opoldne, ko je sonce direktno nad glavo, ni sence. Tako je tudi z meditacijo na obliko: ko dosežemo določeno stopnjo meditacije na obliko, bo oblika odpadla in se bomo stopili s Tem. Ko dosežemo stopnjo popolnosti, ni več senc, dvojnosti, iluzije.

Mantra

120.   Če mantre ne bi imele nobene moči, je ne bi imele niti besede. Če nekdo jezno reče: »Izgini!« bo učinek povsem drugačen, kot bi bil, če bi vljudno prosil: »Prosim, pojdi!« Mar te besede ne povzročajo različnih reakcij poslušalca?

121.   Mantre ne ponavljamo zato, da bi bil Bog zadovoljen, pač pa zato, da očistimo svoj um. Kakšno korist naj bi imel Bog od mantre?

122.   Ne begajte uma z razglabljanjem o pomenu svoje mantre; dovolj jo je le ponavljati. Do ašrama lahko pridete z avtobusom, avtom, čolnom ali vlakom in ko prispete, mar potem tratite svoj čas z razmišljanjem o vozilu, s katerim ste se pripeljali? Zavedanje cilja je vse, kar je potrebno.

123.   Obstaja več različnih vrst *dikše* (iniciacije): *dikša,* ki jo dobite skozi pogled, dotik ali misel *mahatme* ali z mantro. V mantro nas mora inicirati *satguru* (samouresničeni mojster). Če je učitelj slepar, je rezultat enak, kot če bi za čiščenje vode uporabili umazan filter; voda bo postala še bolj umazana.

124.   Otroci moji, četudi ste se že vkrcali na avtobus in kupili vozovnico, ne smete biti nepremišljeni. Vozovnico morate varno shraniti. Če ne boste mogli pokazati vozovnice kontrolorju, vas bo vrgel z avtobusa. Torej samo zato, ker ste dobili mantro, ne mislite, da je vaše delo končano. Le če mantro pravilno uporabljate, vas bo pripeljala do cilja.

125.   Otroci moji, težko je veslati po vodi, polni listov vodne lilije. Čoln se bo veliko lažje premikal, če bomo odstranili te liste. Tako vam bo lažje meditirati, če boste s

ponavljanjem mantre najprej odstranili nečistosti svojega uma.

126.   Pomembno je, da zavestno ponavljate mantro. Med ponavljanjem mantre se poskušajte izogniti vsem drugim mislim. Skrbeti morate, da usmerite svoj um bodisi na obliko svoje meditacije ali besede mantre.

127.   Otroci moji, zmeraj ponavljajte svojo mantro. Um je treba izuriti, da bi nenehno ponavljal mantro, ne glede na to, kaj počnete. Pajek plete mrežo kamorkoli gre. Podobno bi morali tudi mi ob vsakem dejanju mentalno nadaljevati *džapo*.

128.   Čeprav mačka hranimo in božamo, bo v trenutku, ko ne bomo pozorni nanj, ukradel hrano. Naš um je prav tak. Poskušajte ukrotiti in osredotočiti svoj um z nenehnim ponavljanjem svoje mantre. Ko hodite, sedite ali delate,

mora mantra neprestano teče kot teče olje iz ene posode v drugo.

129.   V začetnih fazah duhovne vadbe morate poleg tega, da opazujete obliko, tudi ponavljati mantro. Ne skrbite, če oblika v vašem umu ni jasna; dovolj je, če takrat ponavljate mantro. Ko boste napredovali, se bo um sčasoma osredotočil na obliko in ponavljanje mantre se bo naravno upočasnilo.

130.   Otroci moji, ni potrebno ponavljati vseh različnih *Sahasranam* (*Sahasranama* je zbirka imen, ki opisujejo različne podobe božanstva). Ena od njih je dovolj. Vsaka *Sahasranama* vsebuje vse.

131.   Otroci moji, kadar je vaš um nemiren, ponavljajte svojo mantro. Sicer se bo vaš nemir še povečal. Ko um ni miren, se zateče k zunanjim predmetom in ko tudi to ne prinese sadov, se obrne k čemu drugemu. Zunanji

predmeti vam ne morejo prinesti miru. Le z osredotočanjem na Boga in ponavljanjem mantre se bo znova vzpostavil mir vašega uma. Koristno je tudi branje duhovnih knjig.

132.   Otroci se učijo šteti z uporabo računala. S to metodo se hitro učijo. Ko se torej začnete učiti nadzirati svoj um, je dobro med ponavljanjem mantre uporabljati *malo*. Pozneje je ne boste več potrebovali. Če redno ponavljate mantro, bo postala del vas. Celó med spanjem boste, ne da bi se tega zavedali, še naprej ponavljali svojo mantro.

133.   Če ne ljubimo Boga, lahko še toliko meditiramo in ponavljamo mantro, pa naše duhovne vaje ne bodo obrodile sadov. Ne glede na to, kako močno veslamo proti toku, bomo le malenkost napredovali; če pa dvignemo jadro, bo plovilo takoj pridobilo hitrost. Ljubezen do Boga je kot jadro, ki nam pomaga,

da se hitreje premikamo proti cilju. Zlahka nam bo pomagalo doseči cilj.

Petje nabožnih pesmi

134.　V tej *kali jugi* (najtemačnejšem obdobju) je zelo učinkovito ponavljanje mantre in prepevanje nabožnih pesmi. Enako količino denarja, ki smo ga v starih časih zaslužili s prodajo tisočih juter, lahko danes zaslužimo s prodajo le enega. To je znamenje *kali juge*. Če smo sposobni le petminutne koncentracije, otroci moji, je to zagotovo velika pridobitev.

135.　Ob mraku, ko se srečata dan in noč, je ozračje polno nečistih vibracij. To je za iskalca najboljši čas za meditacijo. V tem času se lahko doseže dobra koncentracija. Če ne delate duhovnih vaj ob sončnem zahodu, se pojavi mnogo posvetnih misli. Zato je rečeno, da je treba v mraku na glas peti nabožne pesmi. Petje prečisti oboje – tistega, ki prepeva, in ozračje.

136.   Ker je ozračje v *kali jugi* polno zvokov, je za dosego koncentracije nabožno petje učinkovitejše kot meditacija. Za meditacijo je nujno potrebno tiho okolje. Zato je petje badžan (pesmi predanosti Bogu) bolj učinkovito. Z glasnim petjem preglasimo druge moteče zvoke in dosežemo koncentracijo. Meditacija je nekaj, kar je onkraj koncentracije. Napredovanje dosežemo s: petjem badžan, koncentracijo in šele nato meditacijo. Otroci moji, meditiranje pomeni nenehno spominjanje Boga.

137.   Petje pesmi predanosti brez koncentracije je zapravljanje energije. Če pa jih pojemo z osredotočenostjo uma, bo to koristilo pevcu, poslušalcem, prav tako pa tudi naravi. Sčasoma pomagajo takšne pesmi prebuditi poslušalčev um.

Zaobljube in drugi duhovni obredi

138. Otroci moji, tako kot obala ustavi morske valove, zaobljube na duhovni poti nadzirajo valove uma.

139. Na določene dneve (na primer *ekadasi - položaji lune po hindujskem koledarju, op.p.* - in dneve polne lune) je v ozračju več negativnih vibracij. V tem času se je dobro zaobljubiti tišini in uživati samo sadje. Na lupinasto sadje le malo vplivajo nečistosti ozračja. Na takšne dni je še posebej pomembno izvajati duhovne vaje. Poskušati moramo doseči še več koncentracije, ne glede na to, ali so naše misli duhovne ali posvetne.

140. Za iskalca je dobro, da si vsaj dvakrat na mesec očisti želodec. Nakopičene fekalije v črevesju ustvarjajo vznemirjenost in

negativnost v umu. S čiščenjem ne očistimo le telesa, ampak tudi um.

141.   Enkrat na teden se zaobljubite tišini in jejte le sadje. Ta dan posvetite meditaciji in ponavljanju svoje mantre. To bo koristilo vašemu telesu, umu in duhovni vadbi.

142.   Za iskalca, ki redno izvaja duhovne vaje, je koristno, da se občasno posti. To poveča zmožnost uma in telesa za meditacijo. Tisti, ki prav tako marljivo delajo kot meditirajo, se ne smejo popolnoma postiti. Le-ti naj jedo toliko, kot potrebujejo. Sadje je zelo primerno.

143.   Iskalci bi morali pazljivo izbirati besede, ki jih izrečejo. Govoriti bi morali z obvladanim tonom, tako da jih bodo lahko poslušalci slišali le, če bodo njihov um in čuti zelo pozorni.

144.   Otroci moji, človek, ki je bolan, se mora držati določenih omejitev, da bi ozdravel.

Tudi iskalec mora slediti določenim omejitvam, dokler ne doseže cilja; na primer, čim manj govoriti, se zaobljubiti tišini in nadzirati hranjenje.

145.   Držati se zaobljub ni znamenje šibkosti. Le ukrivljene deske so uporabne za gradnjo čolna in jih je treba segrevati, da se ukrivijo. Podobno z izvajanjem duhovne discipline um podvržemo nadzoru. In brez ukročenega uma ne moremo nadzirati telesa.

Potrpežljivost in samodisciplina

146.   Otroci moji, duhovno življenje je mogoče le za tistega, ki je potrpežljiv.

147.   Duhovnega napredovanja ne moremo meriti s preprostim opazovanjem zunanjih dejanj aspiranta. Človekovo duhovno napredovanje lahko do neke mere razpoznamo glede na iskalčeve odzive na neprijetne situacije.

148.   Kako lahko človek, ki postane jezen zaradi nepomembnih reči, vodi svet? Le tisti, ki je potrpežljiv, lahko vodi druge. Ego bi morali popolnoma zatreti. Ne glede na to, koliko ljudi sedi na stolu, se stol ne pritožuje. Tako moramo, ne glede na to, koliko ljudi je jeznih na nas, razviti moč, da potrpimo in odpustimo. Drugače nima smisla izvajati duhovnih vaj.

149.   Če se ujezite, se mnogo moči, ki ste jih pridobili s svojimi duhovnimi vajami, izgubi. Ko vozilo vozi enakomerno, se ne troši veliko energije; če pa se ustavimo in ga zopet poženemo, je poraba veliko večja. Prav tako jeza izčrpa vašo moč skozi vsako poro vašega telesa.

150.   Četudi ne moremo videti, kako je ob uporabi vžigalnika v njem vedno manj plina, se plin porablja. To lahko vemo, ne moremo pa tega jasno videti. Podobno se lahko energija, ki smo jo dosegli zaradi dobrih misli, izgubi na mnogo načinov. Ko se, na primer, ujezimo, se vse, kar smo dosegli z duhovnimi vajami, izgubi. Ko govorimo, izgubljamo svojo energijo skozi usta; jeza pa razprši energijo tudi skozi oči in ušesa ter skozi vsako poro našega telesa.

151.   Za duhovnega aspiranta je bistveno, da ohranja strog urnik. Rutinsko ponavljajte mantro in meditirajte vsak dan ob istem času enako dolgo časa. Navadite se, da izvajate

duhovne vaje ob določenem času. Ta navada vas bo vodila naprej.

152.   Tisti, ki so se navadili vsak dan piti čaj ob določenem času, ga morajo piti takrat, sicer bi postali nemirni in bi ga želeli na vsak način dobiti. Tisti, ki imajo reden urnik duhovne discipline, mu bodo avtomatično sledili ob vedno istem času.

Ponižnost

153. Orkan izruje visoka drevesa in poruši stavbe. A ne glede na to, kako močan je orkan, ne more poškodovati nizke trave. To je veličina ponižnosti, otroci moji.

154. Ponižnost ni znamenje šibkosti. Imeti bi morali veličino, da se priklonimo celó travi. Če prideš do reke in ti ni do tega, da bi se priklonil vodi (t.j. se v njej potunkal) in se umil, bo tvoje telo ostalo umazano. Z zavračanjem ponižnosti do drugih, duhovni aspirant preprečuje izničenje njegove nevednosti.

155. Človeška bitja so tako ošabna, da bi lahko s preprostim pritiskom na gumb upepelila svet. Da bi sprožili gumb, bi morali premakniti roko. Ne razmišljamo o Sili za tem gibom.

156.   Človeštvo verjame, da je zavladalo svetu. Vendar ne zmoremo prešteti niti zrnc peska pod svojimi nogami; in taki nepomembneži trdijo, da vladajo svetu!

157.   Predvidevajmo, da se nekdo ujezi na vas brez kakršnegakoli razloga. Kot duhovni aspirant bi se morali nanj odzvati s ponižno držo, vedoč, da je to, kar se dogaja, igra Boga, ki vas preizkuša. Le če vam to uspe, lahko rečemo, da vam je meditacija koristila.

158.   Tudi takrat, ko nekdo seka drevo, mu to drevo nudi senco. Takšen bi moral biti tudi duhovni človek. Le tistega, ki moli za dobrobit drugih, celó tistih, ki mu povzročajo trpljenje, lahko resnično imenujemo duhovni človek.

Sebičnost in želja

159.   Ego raste iz želje in sebičnosti. Ne pojavi se naravno, ampak se zgradi.

160.   Predvidevajmo, da greste po denar k človeku, ki vam dolguje. Pričakujete, da boste dobili dvesto evrov, a jih dobite le petdeset. To vas tako ujezi, da planete na tega človeka in ga napadete. Zaradi tega dejanja potem sodijo vam. Mar ni bila vaša jeza posledica tega, da niste prejeli pričakovanega zneska? Ko prejmete kazen, kakšno korist imate od tega, da krivite Boga? Jezimo se zaradi svojih pričakovanj, trpimo zaradi svojih želja. To je rezultat tekanja za željami.

161.   Veter Božje milosti nas ne more povzdigniti, dokler nosimo breme svojega ega in želja. Breme moramo zmanjšati.

162.　　Na drevesu, ki je izgubilo vse svoje liste, uspeva mnogo cvetov; na drugih drevesih pa so cvetovi le tu in tam. Otroci moji, ko smo popolnoma osvobojeni negativnih nagnjenj kot so sebičnost, egoizem in ljubosumje, bomo dosegli vizijo Boga.

163.　　V duhovnem aspirantu ne bi smelo biti niti najneznatnejše sledi sebičnosti. Sebičnost je kot črv, ki se hrani z nektarjem cvetov. Če mu dovolite, da ostane, bo napadel tudi sadeže in potem bo sadje neuporabno. Če dovolite, da vaša sebičnost raste, bo razjedla vse vaše dobre lastnosti.

164.　　Med željami duhovnega aspiranta in željami posvetne osebe je velika razlika. Posvetne osebe bodo želje preplavljale kot valovi, druga za drugo, in jih mučile. Njihovim željam ni konca. Duhovni iskalec pa ima le eno željo, in ko je ta enkrat izpolnjena, nima več želja.

165.   Celó »sebičnost« duhovnega človeka koristi svetu. V vasi sta živela dva otroka. Med obiskom *sanjasina* sta oba dobila nekaj semen. Prvi jih je spražil in pojedel, da bi tako potešil svojo lakoto. Bil je posveten človek. Drugi pa je svoja semena posejal na njivi in s tem pridelal veliko zrn, ki jih je dal lačnim. Čeprav sta bila sprva oba otroka sebična, ker sta sprejela ponujeno, je delovanje drugega koristilo mnogim ljudem.

166.   Obstaja le en Jaz. Le-ta je vseprodoren. Ko se naš um razširi, se lahko spojimo s Tem. Takrat naša sebičnost in ego izgineta za vselej. Za tiste, ki so v tem stanju najvišje zavesti, je vse enako. Otroci moji, služite drugim in pomagajte ubogim, ne da bi zapravili en sam trenutek. Nesebično služite svetu, ne da bi karkoli pričakovali v povračilo.

167.   Majhna sebičnost se lahko znebi velike sebičnosti. Zaradi lista, na katerem piše:

»Prepovedano plakatiranje!« bo preostali del stene ostal čist. Prav tako je s sebičnostjo do Boga.

Hrana

168.   Če se ne odrečemo okusu jezika, ne moremo uživati okusa srca.

169.   Ne morete reči: »To hrano bi morali jesti, tiste pa ne bi smeli.« Učinek hrane se razlikuje glede na klimatske pogoje. Hrana, ki se ji izogibamo tukaj (južna Indija) je morda dobra za tiste, ki živijo v Himalaji.

170.   Ko sedete k obroku, bi morali moliti Bogu, preden začnete jesti. Zato pred jedjo ponavljamo *mantro*. Pravi čas za preizkus potrpežljivosti je, ko imamo hrano pred seboj.

171.   Asketu ni treba tavati v iskanju hrane. Pajek splete svojo mrežo in potem ostane v njej. Nikamor ne gre, da bi lovil hrano, ker se bo njegov plen sam zapletel v mrežo. Ravno tako bo hrana prišla do asketa. Da pa se to resnično zgodi, mora biti popolnoma predan Bogu.

172.   Hrana zelo vpliva na naš značaj. Postana hrana, na primer, povečuje naš *tamas* (zaspanost, otopelost).

173.   Aspirant bi moral v začetnih fazah duhovne prakse vaditi nadzorovanje spoštljivosti do hrane. Nenadzorovana prehrana povzroča slaba nagnjenja. Ko so semena posejana, je treba poskrbeti, da jih ne bi pozobale vrane. Ko so iz semen pognala drevesa, lahko na drevo sede ali v njem splete svoje gnezdo katerakoli ptica. Od zdaj naprej morate svojo prehrano strogo nadzorovati in redno izvajati duhovne vaje. V poznejši fazi pa lahko uživate začinjeno, kislo in nevegetarijansko hrano in le-ta ne bo učinkovala na vas. A čeprav vam Amma govori, da lahko pozneje jeste kakršnokoli hrano, je ne uživajte niti takrat. Morali bi biti zgled svetu, da se drugi lahko učijo od vas, ko vas opazujejo. Četudi sami nismo bolni, se moramo vzdržati začinjene ali kisle hrane pred obolelim za zlatenico. Da

lahko pomagamo drugim, da postanejo dobri, moramo vaditi samonadzor.

174.   Ljudje pravijo, da ni težko prenehati piti čaj ali kaditi, pa vendar še zmeraj mnogo ljudi tega ni sposobno storiti. Kako naj ljudje nadzirajo svoj um, če ne morejo nadzirati niti takšnih neumnosti? Najprej je treba premagati take banalne ovire. Če ne morete prebroditi majhne reke, kako boste kdaj prečkali ocean?

175.   Duhovni aspirant v začetku ne bi smel jesti v restavracijah. Kajti med dodajanjem sestavin gostilničar misli le na to, kako bi povečal svoj zaslužek. Med pripravljanjem čaja gostilničar razmišlja: »Je res potrebno dodati toliko mleka? Morda bi dodal manj sladkorja.« Vedno razmišljajo, kako bi zmanjšali količino, da bi povečali svoj dobiček. Vibracija takšnih misli vpliva na iskalca.

Živel je *sanjasi*, ki ni bil vajen brati časopisov. Vendar si je nekega dne, ko so ga gostili v neki hiši, silno zaželel brati časopis, ki se je pojavil pred njim. Od tedaj je sanjal o časopisih in novicah. Ko se je malo pozanimal, je odkril, da je kuhar v hiši, kjer je bil na obisku, bral časopis, medtem ko je pripravljal hrano. Kuharjeva pozornost ni bila osredotočena na kuhanje, pač pa na časopis in ti miselni valovi so vplivali na *sanjasina*.

176.   Nikoli ne jejte preveč. Polovica želodca mora biti za hrano, četrt za vodo, ostali del pa za gibanje zraka. Manj hrane boste zaužili, več mentalnega nadzora boste imeli. Ne spite in ne meditirajte takoj po obroku, sicer ne boste mogli pravilno prebaviti hrane.

177.   Ko se enkrat razvije ljubezen do Boga, ste kot bolnik, ki trpi zaradi vročice. Če imate visoko vročino, nimate teka. Celó sladka hrana ima tedaj grenak okus. Enako se zgodi, ko ljubite Boga; apetit se vam spontano zmanjša.

Bramačarja

Življenje v celibatu

178.　　Začinjena in kisla hrana je za *brama-čarjo škodljiva*. Tudi soli ne bi smeli uporabljati preveč. Omejena količina sladkorja pa ne škodi. Ponoči ni dobro uživati jogurta, mleko pa bi morali uporabljati le v zmernih količinah. Mleko za pitje bi morali zmešati z enako količino vode in ga potem prekuhati. Izogibati bi se morali tudi preveliki količini olja, ker se sicer poveča količina telesne maščobe, ki ustvari več semenske tekočine.

179.　　Ne bi smeli jesti preveč okusne hrane. Če se želja po okusni hrani poveča, se bodo povečale tudi telesne skušnjave. Bolje je, da se zjutraj ne jé, zvečer pa le majhno količino hrane.

180.   Nočnih izlivov semenske tekočine v spanju se ni treba bati. Še niste videli sežganega kravjaka, pomešanega z vodo, kar ustvari sveti pepel? V posodo dajo bombažni trak, tako da en konec visi preko njenega roba. Ostanek vode se izteče po traku, s čimer se bistvo ne izgubi. Šele, ko se voda izloči, nastane sveti pepel. Vsekakor pa je treba posebej paziti, da ne pride do izliva med sanjanjem.

181.   Otroci moji, kadar čutite, da bo prišlo do izliva, morate takoj vstati in meditirati ali ponavljati svojo *mantro*. Če se to zgodi ali ne, morate naslednji dan delati duhovne vaje in se postiti. Kopanje v reki ali morju je za *bramačarjo koristno*.

182.   V določenih mesecih in dneh je ozračje zelo nečisto. Takrat je treba bolj paziti, saj lahko pride do izliva. Tak čas je od sredine julija do sredine avgusta.

183.   Zaradi vročine, ki nastane s koncentracijo uma, se moč *bramačarje* transformira v *odžas* (subtilno vitalno energijo). Če se posveten človek drži celibata, mora prav tako izvajati duhovne vaje, sicer se energija *bramačarje* ne bo pretvorila v *odžas*.

Iskalec in duhovno urjenje

184.   Otroci moji, naš odnos do vsega v Stvarstvu mora biti osvobojen vseh pričakovanj. To je namen duhovnega urjenja.

185.   Nobene bližnjice ni do vizije Boga. Čeprav je bonbon sladek, ga ne pogoltnemo celega; če bi ga, bi se lahko zadušili. Počasi ga je treba raztopiti in pogoltniti. Podobno je treba redno in potrpežljivo izvajati duhovne vaje.

186.   Od meditacije ali ponavljanja mantre ni dosti koristi, če ne čutimo ljubezni do Boga. Po drugi strani pa so tisti, ki mislijo, da se bodo začeli duhovno uriti, čim bodo razvili ljubezen do Boga, lenuhi. So kot tisti, ki čaka, da se bodo valovi oceana pomirili, preden bo šel v vodo.

187.   Z duhovnim urjenjem pridobimo *šakti* (energijo) in telo se osvobodi bolezni.

Omogoči nam tudi, da delujemo ob vsaki priložnosti, ne da bi se zlahka utrudili.

188.   Vaše ljubljeno Božanstvo vas bo pripeljalo na prag uresničitve. Ko pridete v ašram, lahko, če potujete z avtobusom do križišča Vallickavu, razdaljo do pristaniškega nasipa prehodite peš, mar ne? Tako vas bo Božanstvo pripeljalo prav do vrat *akhande satčitanande* (nedeljene Biti-Zavesti-Blaženosti).

189.   Otroci moji, preden gremo lahko učiti svet, moramo postati močni. Kdor gre na Himalajo, mora nesti s seboj volnena oblačila, da ga bodo zaščitila pred mrazom. Preden stopimo v svet, moramo prav tako okrepiti um, da ga ne bodo zmotile nadloge. To pa je mogoče le z duhovnim urjenjem.

190.   Pravi *satsang* je združitev individualne duše z najvišjim Jazom.

191.   Tisti, ki hrepeni po dateljnih, bo tvegal vzpon na drevo polno os, da bi dosegel sadeže. Podobno bo tisti, ki ima *lakshya bodho* (močno zavezo, da doseže duhovni cilj) premagal vse neugodne okoliščine.

192.   Na začetku je za duhovnega aspiranta koristno, da gre na romanje. Težavno potovanje mu bo pomagalo razumeti naravo sveta. Tisti pa, ki še niso dobili dovolj moči z duhovnim urjenjem, se bodo sesuli pred preizkušnjami in bridkostmi sveta. Zato ne izgubljajte časa in se posvetite nenehni duhovni praksi na istem mestu.

193.   Izpopolnjenost *asane* (sedečega položaja) je prva stvar, ki jo mora razviti duhovni aspirant. Tega ni vedno lahko doseči. Vsak dan sedite pet minut dlje kot dan poprej. Tako boste lahko postopoma sedeli dve ali tri ure brez prekinitve. Če boste dosegli tovrstno potrpežljivost, bo vse postalo lažje.

Ko hodimo, sedimo ali se kopamo, bi si morali zmeraj predstavljati, da naše ljubljeno Božanstvo hodi z nami in se nam smehlja. Predstavljati bi si morali, da je oblika našega ljubljenega Božanstva na nebu in moliti k Njemu ali Njej.

194. Otroci moji, če pet minut jočete za Bogom, je to enako uri meditacije. Ko jočete, um zlahka postane prevzet od misli na Boga. Če ne morete jokati, molite: »O Bog, zakaj ne morem jokati za Teboj?"

195. Duhovni aspirant ne bi smel jokati za minljivimi rečmi, pač pa le za Resnico. Solze bi morali prelivati izključno zaradi Boga. Duhovni aspirant naj ne bi bil nikoli šibek. Naložiti si mora breme vsega sveta.

196. Svoja čustva lahko izražamo na tri načine: skozi besede, solze in smeh. Otroci moji, le ko bodo hudourniške solze hrepenenja

po Božanskem sprale vaše mentalne nečisto-
sti, se boste resnično lahko smejali z odprtim
srcem. Šele tedaj boste izkusili pravo srečo.

197.   Bistveno je prakticiranje duhovnih
vaj. Čeprav je rastlina vsebovana v semenu,
bo seme šele potem, ko bo pravilno gnojeno,
gojeno in negovano, vzklilo in rodilo cvetove
in potem nova semena. Čeprav najvišja Resni-
ca biva v vseh bitjih, bo, prav tako, zasijala šele
zaradi duhovnega urjenja.

198.   Če sadiko presadimo, a je ne negujemo
pravilno, bo ovenela. Moramo jo pravilno
negovati. Ko zraste v zdravo rastlino, ji lahko
odrežete vrh, pa bo še vedno rasla z mnogimi
novimi poganjki. Ne glede na to, kako težka so
pravila, se jih mora duhovni aspirant v zače-
tnih fazah držati. Šele tedaj bo napredoval.

199.   Za duhovnega aspiranta bi bilo
dobro, da vsaj enkrat na mesec obišče revna

predmestja, bolnišnice ipd. Kajti to bi mu pomagalo razumeti naravo bede in mu vzbudilo sočutje.

200.   Ko kisamo mleko, ga je treba pustiti pri miru. Šele tako lahko naredimo iz njega jogurt. V začetnih fazah duhovnega urjenja je potrebna samota.

201.   Ko so semena posejana, je treba paziti, da jih ne pojedo kokoši. Ko pa bodo vzkalila, bodo varna. V začetnih fazah duhovnega urjenja se duhovni aspirant ne bi smel družiti s komerkoli. Častilci, ki imajo družine, bi morali biti še posebej pazljivi. Ne zapravljajte časa s klepetom s sosedi. Ko imate kaj časa, sedite in ponavljajte svojo *mantro*, meditirajte ali pojte nabožne pesmi.

202.   V globinah oceana ni valov; valovi se pojavijo le na površini. Na dnu oceana je vse mirno. Tisti, ki so dosegli popolnost, so mirni.

Vik in krik delajo tisti, ki imajo le površno znanje, ki so prebrali le dve ali tri knjige o duhovnosti.

203.   Morskih valov se ne da uničiti. Prav tako ni mogoče odstraniti misli uma. Ko enkrat postane um globok in razsežen, miselni valovi naravno upadejo.

204.   Otroci moji, seme vsebuje oboje, resnično in neresnično. Ko je seme posejano, lupina poči in razpade v zemlji. Kar vzkali in zraste, je bistvo semena. Prav tako je oboje, resnično in neresnično, v nas. Če se oklepamo tistega, kar je resnično, nas ne bo nič vznemirilo – zavest se bo vedno bolj širila. Če se držimo neresničnega, ne bomo mogli rasti.

205.   Ko spoznate Resnico, je ves svet vaše bogastvo. Ničesar več ne vidite ločenega od lastnega Jaza.

206.   Skozi vaša dejanja se vidi vaša krepost. Lahko ste izobraženi in imate dobro službo, vendar vas ne bo nihče spoštoval, če kradete. Vaš duhovni napredek je mogoče soditi po vaših dejanjih.

207.   Še niste videli vojakov in policistov, ki stojijo kot kipi celó med močnim nalivom in v vročem soncu? Prav tako mora biti duhovni aspirant, če stoji, sedi ali leži popolnoma miren. Naj ne bo nobenih nepotrebnih gibov rok, nog ali telesa. Da bi nam to uspelo, je koristno, da si predstavljamo, da je telo mrtvo. Umirjenost bo postopoma, z vajo, postala način življenja.

208.   Človek, ki vesla na odprto morje, vesla z vso silo, povsem osredotočen na to, kar počne. Ljudje, ki ga opazujejo z obale, ga opogumljajo z mahanjem in vpitjem. Vendar jim veslač ne namenja pozornosti. Njegova edina misel je pripeljati čoln do točke, kjer ga

valovi ne bodo dosegli. Ko jih končno prečka, se nima več česa bati. Takrat se lahko celo za trenutek nasloni na vesla in spočije. Tudi vi ste zdaj med valovi. Ne dovolite si, da bi vas karkoli zmotilo, nadaljujte z veliko pozornostjo in imejte ves čas cilj pred seboj. Samo tako ga boste dosegli.

209.   Duhovni aspirant bi moral biti zelo previden glede nasprotnega spola. Nevarnost pogosto spoznamo šele, ko nas vihar že podre na tla.

210.   Otroci moji, voda nima barve. V jezeru ali ribniku odseva barva neba. Podobno ljudje zaradi lastnega negativnega značaja v drugih vidijo slabo. Vedno poskušajte v vsakem videti dobro stran.

211.   Duhovni aspirant se ne bi smel udeleževati porok ali pogrebov. Na poroki tako mladi kot stari mislijo na sklenitev zakonske

zveze. In na pogrebu vsak žaluje za izgubo umrljivega bitja. Miselni valovi, navzoči na takih dogodkih, so za duhovnega aspiranta škodljivi. Vibracije lahko vstopijo v podzavest in naredijo iskalca nemirnega zaradi stvari, ki niso resnične.

212.　Človek na duhovni poti bi moral biti kot veter. Brez razlike piha tako čez dišeče cvetlice kot čez iztrebke neprijetnega vonja. Prav tako duhovni aspirant ne bi smel biti navezan na tiste, ki mu izkazujejo naklonjenost, ali sovražiti tistih, ki ga zlorabljajo. Za duhovnega aspiranta so vsi enaki. Boga vidi v vsem.

213.　Spanje čez dan ni dobro, ker se potem, ko se zbudite, počutite utrujene. Podnevi je namreč ozračje polno nečistih miselnih valov, mnogo bolj, kot ponoči. Ko po nočnem počitku zjutraj vstanemo, smo polni energije. Zato bi moral duhovni aspirant več meditirati ponoči. Bolje je meditirati pet ur ponoči kot deset ur podnevi.

214.   Otroci moji, kakršnekoli skrbi že imate, poglejte naravo in si predstavljajte svoje ljubljeno Božanstvo v obliki dreves, gora in drugih stvari ter delite svoja občutja z naravo. Ali pa si predstavljajte, da je vaše ljubljeno Božanstvo na nebu in se pogovarjajte z Njim ali Njo. Zakaj bi hoteli deliti svoje skrbi s komerkoli drugim?

215.   Če stojimo ob nekom, ki govori, bo tisto, kar ta oseba pravi, ustvarilo okrog nas določeno avro. V slabi družbi se bo oblikovala negativna avra, ki povzroči porast nečistih misli. Zato pravimo, da so potrebni *satsangi* (sveta družba in duhovni pogovori).

216.   Ko kipar pogleda kos lesa ali kamna, vidi le podobo, ki bi jo lahko izoblikoval iz njega; vsi drugi vidijo le les ali kamen. Podobno

naj bo iskalec sposoben v vsem opaziti večno. Razumeti bi morali, kaj je večno in kaj minljivo in živeti pozorno. Vzpenjati bi se morali le k tistemu, kar je večno. Otroci moji, le Bog je večna Resnica. Vse drugo je lažno in neobstoječe. Posvetne reči ne trajajo. Kar je večno, je Bog.

217.   Otroci moji, človeka ne mika golota otroka. Vsakogar bi morali gledati v tem duhu. Vse je odvisno od uma.

218.   Na začetku mora biti duhovni aspirant zelo pazljiv. Najugodnejši čas za meditacijo je do enajste ure dopoldan in po peti uri popoldan. Takoj po meditaciji morate za najmanj deset minut leči v *šavasano* (položaj mrtveca) preden vstanete. Četudi meditirate le eno uro, morate biti vsaj še pol ure po meditaciji v tišini. Le tisti, ki to upoštevajo, bodo imeli polno korist od meditacije.

219.   Ko vzamemo zdravilo, traja nekaj časa, preden se razširi po telesu. Podobno je potrebno po duhovnih vajah nekaj časa preživeti v tišini. Če po dveh urah meditacije takoj začnete govoriti o posvetnih rečeh ali povzročate kakršenkoli hrup, ne boste s svojo meditacijo dosegli ničesar, četudi meditirate že leta.

220.   Če kdo trati vaš čas z govorjenjem o nepotrebnih rečeh, bi morali bodisi ponavljati svojo *mantro* in premišljevati o svojem ljubljenem Božanstvu, ali si osebo, ki vam govori, predstavljati kot svoje ljubljeno Božanstvo. Lahko si tudi v mislih na tleh narišete trikotnik in si predstavljate, da v njem stoji vaše ljubljeno Božanstvo. Potem vzemite nekaj kamenčkov, si predstavljajte, da so cvetlice, in jih darujte k nogam svojega Božanstva. Z drugimi bi se morali pogovarjati le o duhovnih rečeh. Tisti, ki jih duhovnost privlači, bodo

poslušali; ostali nas bodo kmalu zapustili. Tako nam ne bo več treba tratiti svojega časa.

221.   Otroci moji, že dih duhovnega aspiranta je dovolj, da očisti ozračje – tolikšna je njegova moč. Lahko da bo minilo še nekaj časa, vendar bo to dejstvo zagotovo odkrila znanost. Šele tedaj bodo ljudje resnično verjeli v to.

222.   Nimajo samo človeška bitja sposobnosti sporazumevanja. Tudi živali, ptice in rastline imajo to moč. Mi le nimamo sposobnosti, da bi jih lahko razumeli. Tisti, ki so izkusili vizijo Jaza, vse to vedó.

223.   Voda zastaja v jarkih in ribnikih. V njih se radi zaredijo mikrobi in insekti, ki z boleznimi okužijo mnogo ljudi. To preprečimo tako, da vodo naredimo tekočo, da jo povežemo z reko. Podobno danes ljudje živijo z egom »jaz« in »moje.« Njihove nečiste misli

povzročajo trpljenje mnogim ljudem. Naš cilj je razširiti njihov ozek um in jih povesti k Najvišjemu Bitju. Da bi to dosegli, mora biti vsak od nas pripravljen nekaj žrtvovati. A ljudi lahko vodimo le z močjo, ki jo dobimo z duhovnimi vajami.

224.   Ravnodušnost je *joga* (združitev z Bogom). Ko končno dosežemo ravnodušnost, izkusimo nenehen pretok milosti. Potem duhovne vaje niso več potrebne.

Duhovni iskalec in njegova družina

225.   Otroci moji, naša dolžnost je skrbeti za svoje starše, če ni nikogar drugega, ki bi skrbel zanje. Tudi če smo na duhovni poti, je to še vedno naša dolžnost. Za svoje starše moramo skrbeti kot za svoj Jaz in jim tako tudi služiti.

226.   Če vaši starši nasprotujejo vašemu duhovnemu življenju, vam jih ni treba ubogati.

227.   Se je prav posvetiti duhovnemu življenju, čeprav to pomeni, da ne ubogamo svojih staršev? Predvidevajmo, da morate oditi nekam daleč študirat medicino, vendar se vaši starši s tem ne strinjajo. Če jih ne ubogate in greste kljub temu študirat ter postanete zdravnik, boste lahko rešili na tisoče življenj, vključno življenja svojih staršev. Vaša sebičnost bi tako koristila svetu. V tem ni nobene

škode. Če pa bi ubogali svoje starše in ne bi šli študirat, bi lahko skrbeli zanje, vendar jim ne bi mogli rešiti življenj.

Le duhovni iskalec lahko nesebično ljubi in služi svetu ter resnično reši druge. Mar nista tudi Šankaračarja in Ramana Maharši rešila svojih mater?[1]

228.   Potem ko smo izbrali duhovno življenje, se moramo odpovedati navezanosti na svojo družino. Sicer ne moremo napredovati. Če je čoln zasidran, se ne more premakniti naprej, ne glede na to, kako močno veslate. Če posvetimo svoje življenje Bogu, moramo

---

[1] Oba sta velika svetnika, ki sta zapustila svoj dom že v mladih letih, vendar se nazadnje vrnila k svojim staršem. Po mnogih letih ločenosti, se je Šankaračarja vrnil k svoji materi, ko je ležala na smrtni postelji in jo blagoslovil z vizijo Boga. In ko je Ramana Maharši izpopolnil svoje duhovno urjenje in si uredil prostor, kjer je ostal, je k sebi povabil svojo mater. V Thiruvannamalai-ju je živela s sinom do svoje smrti in se v času smrti zaradi njegove milosti združila z Bogom.

imeti močno vero v to, da bo Bog skrbel za našo družino.

229.　Otroci moji, kdo sta vaša prava mati in oče? Sta to človeka, ki sta dala rojstvo vašemu telesu? Nikakor. Sta le naša krušna starša. Prava mati ali oče je tisti, ki lahko da življenje umirajočemu otroku, to pa zmore le Bog. Tega se moramo vedno zavedati.

230.　Rastlinica, ki raste v senci velikega drevesa, bo nekaj časa dobro uspevala. A ko drevesu odpade listje, se zanjo vse spremeni in kmalu oveni na vročem soncu. S tem lahko primerjamo položaj tistih, ki živijo v »senci« svoje družine.

Za gospodinjstva

231.   Dandanes sta naša ljubezen in predanost do Boga enaki kot ljubezen do naših sosedov. Če sosedje ne živijo tako kot pričakujemo, se sporečemo z njimi. Enako se vedemo do Boga. Če Bog ne izpolni naših drobnih zahtev, prenehamo moliti in ponavljati svojo mantro.

232.   Pomislite, kako smo se pripravljeni boriti za zmago na sodišču! Ali čakati v dolgi vrsti, da bomo šli v kino. Naša želja, da bi videli film, je tako silna, da nam ni mar, če nas ljudje potiskajo in suvajo. Prostovoljno prenašamo vse te muke zaradi neke zunanje sreče. Če bi se tako žrtvovali za duhovno življenje, bi bilo to dovolj, da bi dosegli večno blaženost.

233.   Predvidevajmo, da si majhen otrok poreže roko. Če ga poskušamo potolažiti tako, da mu rečemo: »Ti nisi telo, um ali razum,«

ne bo ničesar razumel, ampak še zmeraj jokal. Prav tako nima smisla govoriti posvetnemu človeku: »Ti nisi telo – ti si Brahman. Svet je neresničen.« Morda se lahko zgodi kakšna majhna sprememba, vendar bi mu morali dati praktičen nasvet, ki bi ga uporabil v vsakdanjem življenju.

234.   Otroci moji, mnogi, ki jih po kakšnem duhovnem predavanju prevzame nenadno navdušenje za duhovnost, dejansko ne bodo mogli živeti stabilnega duhovnega življenja. Ne glede na to, kako dolgo lahko stiskamo vzmet, bo znova prevzela svojo prvotno obliko, takoj ko bo pritisk popustil.

235.   Dandanes se zdi, da nihče nima časa, da bi odšel v tempelj ali ašram ali izvajal kakšno duhovno vajo. Če pa zboli naš otrok, smo pripravljeni v čakalnici bolnišnice brez spanja čakati neomejeno dolgo. Da bi si pridobili le meter zemljišča, bi več dni na dežju ali

soncu čakali pred sodiščem, ne da bi pomislili na svojega moža, ženo ali otroke. Ure lahko preživimo čakajoč v nabito polni prodajalni, da bi kupili malenkost za nizko ceno, nimamo pa časa moliti k Bogu. Otroci moji, za tiste, ki ljubijo Boga, bo čas za duhovne vaje avtomatično na voljo.

236.   Kdo pravi, da ni časa za ponavljanje mantre? Svojo mantro lahko ponavljate, ko hodite, jo enkrat ponovite ob vsakem koraku ali po delih. Duhovne vaje lahko izvajate tudi med potovanjem z avtobusom, tako da si predstavljate obliko svojega ljubljenega Božanstva na nebu. Ali pa z zaprtimi očmi ponavljate svojo mantro na avtobusu. Če jo tako ponavljate, ne boste zapravljali časa, kajti um se ne bo zapletel v obcestne čare. Svojo mantro lahko ponavljate tudi med opravljanjem gospodinjskih del. Tisti, ki želijo, bodo imeli za duhovno urjenje vedno čas.

237.   Če ne moremo spati, so nam na razpolago uspavalne tablete. Da bi pozabili na žalost, so takoj na razpolago mamila, kot sta alkohol in marihuana. Obstajajo tudi kinodvorane. Zaradi vsega tega dandanes človek težko išče Boga. Vendar se ljudje ne zavedajo, da jih droge uničujejo. Ko človek vzame mamila, se količina vode v možganih zmanjša. Takrat čuti omamljenost. Z neprestano uporabo takšnih substanc se začnejo zaradi dehidracije živci v telesu krčiti. Po določenem času človeka prizadeneta tresenje in oslabelost in ne zmore niti hoditi. Zaradi izgube svoje vitalnosti in bistrosti postopoma propade. Otroci, ki se rodijo takim staršem, imajo enako bolezen kot oni.

238.   Otroci moji, um je tisti, ki ga moramo klimatizirati, ne sobe. Celó v klimatiziranih sobah ljudje storijo samomor. Bi to storili, če bi jih razkošje resnično osrečevalo? Prave sreče ne moremo najti zunaj, ampak le znotraj sebe.

239.   Ko pes dobi kost, jo gloda. Ko okusi kri, misli, da prihaja iz kosti. Ne vé, da liže kri iz svojih ranjenih dlesni. Taka je tudi izkušnja iskanja sreče v zunanjih rečeh.

240.   Ograje ne bi smeli izdelovati iz posekanih vej sadnega drevesa, ki bogato rodi. V ta namen uporabljamo manj koristna drevesa. Če bi razumeli vrednost življenja, ga ne bi tratili za čutne užitke.

241.   Ni mogoče določiti trenutka, ko naj bi družinski človek začel z duhovnim življenjem. Začeti bi morali, ko to začutimo. Ne smemo se siliti; prišlo bo samo od sebe. Izvaljenega jajca ne smemo kljuvati; odpreti se mora samo od sebe. Če, na primer, lahko vaš partner in otroci brez vas živijo udobno, v vas pa je duh odpovedi, se lahko odrečete vsemu in začnete življenje odpovedovanja. Toda potem se ne smete ukvarjati z mislimi o svojem domu.

242.　　V starih časih so ljudje učili svoje otroke resnico o tem, kaj je večno in kaj minljivo. Učili so jih, da je cilj življenja uresničitev Boga. Otroci so dobili izobrazbo, ki jim je omogočala razumeti, kdo so. Dandanes starši opogumljajo svoje otroke le k temu, da zaslužijo čim več denarja. Kakšen je rezultat? Otrok ne pozna starša in starš ne pozna otroka. Med njima je sovraštvo in borba. Zaradi sebičnih razlogov se lahko celó pobijeta.

243.　　Otroci moji, uresničitev Boga ni mogoča brez duhovnega urjenja; a le redko kdo se pripravi k temu. V tovarnah delajo delavci v nočni izmeni vso noč, brez spanja. Ne postanejo malomarni, rekoč, da so zaspani. Če niso previdni, lahko izgubijo roko ali nogo in potem izgubijo tudi službo. Takšna budnost in mirnost je potrebna tudi pri duhovnih zadevah.

244.   V mraku lahko majhnega otroka zaskrbi, ko pomisli: »Sonce se je izgubilo!« Zjutraj, ko sonce vzhaja, pa se bo otrok razveselil njegove vrnitve. Otrok ne pozna resnice za sončnim vzhodom in zatonom. Otroci moji, iz istega razloga se mi razveselimo vsakega dobitka in žalujemo za vsako izgubo.

245.   Včasih lahko vidite človeka v čolničku, ki v rečnem rokavu zganja race v jato. Čoln je tako majhen, da v njem ne more niti udobno stati. Če stopi narobe, se lahko čolniček potopi. Že neprevidno dihanje ga lahko nagne, tako je majhen. Vodi race in jih ustavi, da ne zaidejo, tako da stoji v čolnu in udarja z veslom po vodi. Z nogami izmetava vodo, ki vdira v čoln, hkrati pa se pogovarja z ljudmi, ki so na obali. Včasih medtem tudi kadi. Čeprav v tem majhnem čolničku počne vse to, je njegov um ves čas osredotočen na veslo. Če bi se njegova pozornost za trenutek zmanjšala, bi se lahko čoln prevrnil in padel

bi v vodo. Otroci moji, v tem svetu moramo živeti na podoben način. Ne glede na to, kakšno delo opravljamo, morajo biti naše misli osredotočene na Boga.

246.　Plesalec, ki pleše z vrčem na glavi, izvaja mnogo različnih trikov. Pleše in se kotali po tleh. Toda njegov um je vedno osredotočen na vrč. Prav tako je mogoče z vajo osredotočiti um na Boga, medtem ko opravljamo kakršnokoli delo.

247.　Molite k Bogu z jokanjem v samoti. Če ste ranjeni, boste ves čas mislili na rano. Podobno trpimo zaradi bolezni preseljevanja duše (rojstva, smrti in ponovnega rojstva). Resno bi si morali želeti ozdravljenja od te bolezni. Šele potem bodo naše molitve iskrene – naša srca se bodo stopila z ljubeznijo do Boga.

248.　　Brahma, Višnu in Šiva[2] ustvarjajo, negujejo in uničujejo želje. Ljudje ustvarjajo in negujejo svoje želje, vendar jih ne uničijo. Otroci moji, kar potrebujemo danes, je uničenje želja.

249.　　Skozi roke tistih, ki delajo na uradu ali v banki, gre vsak dan na tisoče evrov, a vedó, da denar ni njihov. O njem sploh ne razmišljajo. Vedó tudi, da njihove stranke niso njihova družina in da niso iskreni v ljubeči pozornosti, ki jim jo izkazujejo, da je le-ta sebično motivirana. Torej jim je vseeno, če se stranke pogovarjajo z njimi ali ne. Tudi mi bi morali živeti tako. Če bomo živeli z védenjem, da nič in nihče na svetu ni naše, bo konec vseh naših težav.

250.　　Otroci moji, z zavedanjem cilja pride koncentracija. Le s koncentracijo bomo napredovali.

---

[2] Brahma, Višnu in Šiva so trije vidiki Boga, povezani s stvarjenjem, ohranjanjem in razkrojem univerzuma.

251.　　Seme manga je grenko. A če ga pravilno skuhamo, lahko iz njega pripravimo mnogo različnih jedi. To zahteva trud. *Šrimad Bhagavatam* je za iskalce. Če ga beremo s pravilno pozornostjo, lahko najdemo v njem vsa načela duhovnosti. Vendar je za tiste, ki nimajo raziskovalnega duha, le zgodba. Na splošno ni dobro na glas brati *Bhagavatama*, da bi s tem služili denar. A če glava družine ne more preživljati družine, potem ni narobe, da bere to knjigo in tako služi denar.

252.　　Če želite udobno živeti na prostoru, kjer je polno razkrajajočih se smeti, morate najprej odstraniti smeti in jih sežgati. Šele potem lahko tam živite. Ali lahko delate džapo in meditirate med vsemi temi odpadki? Smrdljive smeti bi v vas povzročale nemir. *Home* (obredi čaščenja z uporabo žrtvenega ognja) in *jagne* (daritve) se izvajajo zato, da očistijo ozračje. Tako se zrak očisti. Vendar bog ne zahteva *hom* in *jagen*.

253.   Ljudje v imenu politike ne oklevajo, da bi zagrešili umor ali potrošili ogromne vsote denarja. Milijone evrov je bilo potrošenih za prgišče skal z Lune. Redko pa so ljudje zainteresirani, da bi delali *home* in *jagne*, ki stanejo veliko manj in so izredno koristne za skupnost. Sprejemljivo je, da teh svetih žrtvovanj ne izvajajo, obsojanje, ne da bi razumeli njihovo korist, pa je smešno. To je slepo.

254.   Otroci moji, lahko živite duhovno in posvetno življenje hkrati. Ne glede na to, kako živite, pa naj bi ravnali brez navezanosti ali pričakovanj.   Trpljenje je logična posledica razmišljanja kot: »Ker to počnem, moram prejeti plačilo.« Prav tako ne bi smeli nikoli misliti, da so naša žena, mož ali otroci naša last. Če se zavedamo, da vse pripada Bogu, ne bo nobene navezanosti. Ko bomo umrli, mož, žena in otroci ne bodo odšli z nami. Le Bog je večen.

255.   Ne glede na to, koliko bogastva imamo, bomo samo trpeli, če njegove vrednosti in načina, kako naj ga uporabljamo, nismo pravilno razumeli. Otroci moji, četudi ste zelo bogati, je veselje zaradi tega le začasno; ne more vam dati večne sreče. Mar nista bila kralja kot sta Kamsa in Hiranyakashipu zelo bogata? Kljub temu, da je imel vse, kako miren um je imel Ravana? Vsi so zašli s poti Resnice in živeli arogantno. Storili so toliko prepovedanih reči. Kakšne so bile posledice? Izgubili so dušni mir in umirjenost uma.

256.   Amma ne trdi, da bi se morali ljudje odpovedati svojemu bogastvu. Če razumemo, kako ga pravilno uporabljati, bosta mir in sreča postala naše bogastvo. Otroci moji, tistim, ki so popolnoma predani Bogu, je materialno bogastvo kot kuhan riž, v katerega je padel pesek.

Osvoboditev od trpljenja

257.　　Rezultat kateregakoli dejanja lahko izniči drugo dejanje. Če vržemo kamen v zrak, ga lahko ujamemo, preden pade na tla. Prav tako se lahko rezultat kateregakoli dejanja spremeni med njegovim potekom. Ni potrebe, da bi žalovali in tarnali nad svojo usodo. Vaša usoda se lahko z Božjo voljo spremeni. Horoskop nekega človeka lahko kaže veliko verjetnost, da se bo ta človek poročil, vendar če izvaja duhovne vaje že od svoje mladosti, se lahko ta obet spremeni. Takšni primeri so navedeni celó v epih.

258.　　Človek, ki pluje po reki navzdol, ne razmišlja o izviru. V preteklosti smo lahko naredili mnogo napak. O tem nima smisla razmišljati ali skrbeti zaradi tega. Prizadevajte si oblikovati prihodnost. Le to je potrebno.

259.　Otroci moji, nikoli ne pomislite: »Jaz sem grešnik. Ničesar nisem sposoben.« Ni pomembno, kako razpadla je korenina rastline taro, če je le majhen del korenine še dober, bo mladika vseeno pognala iz nje. Če v nas obstaja le sled duhovne *samskare* (nagnjenja), lahko napredujemo tako, da se je čvrsto držimo.

260.　Ves čas smo mislili, da je telo najpomembnejša in trajna stvar. To nam je prineslo veliko trpljenja. Odslej razmišljajmo ravno nasprotno. Večen je Jaz in Jaz moramo uresničiti. Če se ta misel trdno zasidra v našem umu, trpljenja ne bo več, ostala bo le blaženost.

261.　Če nosiš težek tovor, ti bo že sama misel, da je v bližini počivališče, olajšala breme, kajti kmalu se boš lahko razbremenil. Če pa verjameš, da je počivališče še daleč, se bo zdelo breme le še težje. Prav tako se naša bremena zmanjšajo, če verjamemo, da je Bog blizu. Ko ste končno na čolnu ali v avtobusu, zakaj bi še naprej nosili svojo prtljago? Odložite jo! Enako posvetite vse Bogu. Varoval vas bo.

262.   Kamorkoli gredo, ljudje povsod najdejo pomanjkljivosti. Zato postanejo njihove misli nemirne. Torej bi morali to navado spremeniti. Pozabiti bi morali na pomanjkljivosti mesta, na katerem smo, in poskušati odkriti, kaj je tu koristnega ter to tudi spoštovati. To potrebujemo. Vedno povsod in v vsem glejte le dobro; potem bo konec vsega vašega trpljenja.

263.   Predstavljajmo si, da smo padli v luknjo. Ali si izkopljemo oči, ker nas niso pravilno vodile? Tako kot se sprijaznimo s pomanjkljivostmi svojega vida, bi morali biti sočutni do drugih in razumeti njihove hibe.

Vasane

Prirojena nagnjenja

264.   Čeprav je v sladkorju le ena mravlja, jo je treba odstraniti. Kajti, če ostane, jih bo prišlo še več. Prav tako bo že majhna sled sebičnosti tlakovala pot drugim *vasanam*.

265.   Izčrpati *vasane* in uničiti um (ego) je eno in isto. To je osvoboditev.

266.   Prva *vasana* v individualni duši je izšla iz Boga in tu se je začela karma. Posledica karme je novo rojstvo. Tako se vrti kolo rojstva, smrti in ponovnega rojstva. Iz tega je mogoče uiti šele, ko izčrpamo svoje *vasane*. Pri tem pomagajo duhovne dejavnosti kot so *satsang*, petje nabožnih pesmi in meditacija.

267.   *Vasane* bodo ostale, dokler oseba ne doseže osvoboditve. Šele v stanju osvoboditve bodo *vasane* izkoreninjene. Dokler duhovni

aspirant ne doseže tega stanja, je vsak trenutek možen padec, zato je zelo pomembna njegova sposobnost razlikovanja. Tisti, ki vozijo po prometnih cestah, morajo biti zelo previdni. Če le za trenutek odvrnejo oči s ceste, se lahko pripeti nezgoda. Med vožnjo na odprtem pa se ni česa bati, ker sta na njem le voznik in njegov avto. V začetku duhovnega življenja je vse nevarno; treba je uriti skrajno pozornost in čuječnost. V stanju osvoboditve pa obstaja le čisti Jaz – ni dvojnosti in tako tudi ni nevarnosti.

268.   *Vasane* osvobojenih duš niso *vasane* v pravem pomenu. Njihova jeza, na primer, je le zunanji odraz. Znotraj so popolnoma čiste. Živo apno je lahko videti, kot da ima obliko školjke, a če se ga dotaknete, se zdrobi.

269.   Otroci moji, le duhovni mojster lahko popolnoma odstrani vaše *vasane*. Sicer se mora človek že roditi z izredno močnim duhovnim

nagnjenjem. Tudi če bi šakal pomislil: »Nikoli več ne bom tulil, ko bom videl psa,« pa bi bila v trenutku, ko ga bi spet zagledal, ista stara zgodba. Enako je z *vasanami*.

270.   Ni lahko odstraniti poplave misli; to je že napredno stanje. Lahko pa uničite nečiste misli tako, da jih nadomestite s čistimi.

271.   Negativne *vasane* ne izginejo kar tako. Vendar jih je mogoče odstraniti z dobrimi mislimi tako, kot če imamo v posodi slano vodo in nato dolivamo čisto – slana voda bo postopoma izgubila slanost.

Sidiji

Psihične moči

272.   Otroci moji, razkazovanje *sidijev* onkraj določenih mejá je proti naravi. Ljudi privlači razkazovanje *sidijev*. Uresničene duše se bodo, kolikor je mogoče, ogibale razkazovanju svojih psihičnih moči. In četudi to počnejo, ne izgubijo ničesar. Če uporabimo moč za dosego psihičnega pojava tako, da neko osebo spremenimo v *sanjasina, to* koristi svetu. Če pa iskalca *sidiji* prevzamejo, se bo odvrnil od cilja.

273.   Uresničene duše ne razkazujejo svojih moči. Če pa jih že, je to zelo neobičajno. Njihove moči se lahko zaradi izjemnih okoliščin spontano pojavijo, vendar ne zato, da bi s tem zabavali gledalce. Ne prizadevajte si doseči *siddhijev*. So le začasni. Božanska inkarnacija pride, da odstrani želje, ne, da jih ustvari.

Samadhi

274.   Otroci moji, *sahaja samadhi* (naravno bivanje v Jazu) je popolnost. Duša, ki uresniči to stanje, vidi božanski princip v vsem. Takšna duša povsod zaznava le čisto zavest, je osvobojena sledi *maje* (iluzije). Tako kot kipar ob pogledu na kamen vidi le podobo, ki bi jo lahko iz njega izklesal, vidi *mahatma* v vsem le vseprežemajočo Božanskost.

275.   Predstavljajte si, da je v vsakem izmed nas košarkarska žoga in koš. Žoga, ki je um, vedno poskakuje, koš pa je naš cilj. Včasih se bo žoga ujela v koš in se nehala premikati. Temu bi lahko rekli *samadhi*. Vendar žoga tam ne ostane trajno; spet se bo začela premikati gor in dol. Navsezadnje pa bo doseženo stanje, v katerem bo žoga v obroču za vedno obstala in ne bo več nikakršnega gibanja. To stanje se imenuje *sahaja samadhi*.

276.   Z meditiranjem na obliko lahko dosežemo *savikalpa samadhi* (zavedanje končne Resničnosti ob ohranjanju občutka dvojnosti). Ko nekdo vidi obliko svojega ljubljenega Božanstva, ima do njega odnos kot „jaz"; zato je to še vedno dvojnost. V meditaciji brez oblike, kjer ni sledu občutka »jaza,« je občutek dvojnosti popolnoma uničen. Tako dosežemo *nirvikalpa samadhi*.

277.   V stanju *nirvikalpa samadhija* ni bitja, ki bi reklo: »Jaz sem Brahman.« Stopimo se z Njim. Ko običajen človek doseže *nirvikalpa samadhi*, se ne more več vrniti. Ker duša pred tem ni sklenila, da se vrne, se zgodi, da človek med prehodom v *samadhi* takoj zapustil telo. Ko odpremo steklenico sodavice, se iz nje z glasnim pokom osvobodi plin in se pomeša z okoliškim zrakom. Tako se tudi duša za vedno spoji z Brahmanom. Le božanske inkarnacije lahko še naprej ohranjajo svoja telesa po vstopu v *nirvikalpa samadhi*. Ker se zavedajo

namena svoje inkarnacije in pri tem vztrajajo, se vedno znova spuščajo v svet.

278.   Otroci moji, za božansko inkarnacijo ne obstaja razlikovanje med *nirvikalpa samadhijem* ter stanji nad in pod njim. Božanske inkarnacije imajo le nekaj omejitev, ki so jih same prevzele, da bi opravile svoj namen, zaradi katerega so se rodile.

279.   Celó po izkušnji *nirvikalpa samadhija* niso vsi enaki. Obstaja razlika med duhovnim aspirantom, ki je izkusil stanje *samadhija*, in božansko inkarnacijo. Razliko lahko ponazorimo s primerom osebe, ki je pravkar obiskala Mumbai in se vrnila, ter nekom, ki tam stalno živi. Če ju vprašamo, ali sta že kdaj bila v Mumbaju, bosta oba pritrdila, toda tisti, ki tam živi, pozna mesto bolj podrobno.

280.   Ali veste, kakšno je stanje *samadhija*? Je ena sama blaženost. Ni sreče ali žalosti. Ne

obstaja »jaz« ali »ti.« To stanje lahko primerjamo z globokim spancem, toda obstaja razlika; v *samadhiju* je popolno zavedanje, medtem ko v spanju ni zavedanja. V spanju tudi ni ničesar takega kot »jaz« ali »ti« ali »mi«; šele ko se zbudimo, se pojavijo »jaz,« »ti« in svet, in v svoji nevednosti jim pripišemo resničnost.

281.   Izkušnje Brahmanstva ni mogoče opisati. To je povsem subjektivna izkušnja. Celó posvetne izkušnje je težko izraziti z besedami. Ko vas boli glava, ali lahko natančno razložite, kako močno bolečino čutite? Če že to ni mogoče, kako je torej mogoče z besedami izraziti izkušnjo Brahmana? To je nemogoče.

Stvarstvo

282.   Otroci moji, v Brahmanu je nastala vibracija zaradi prvobitne namere. Iz te vibracije so se pojavile tri *gune: satva* (dobrota, čistost, vedrina), *radžas* (delovanje, strast) in *tamas* (temačnost, inercija, nevednost). Te tri *gune* predstavlja Trojstvo Brahme, Višnuja in Šive. Vse so znotraj nas. Vse, kar vidimo, da obstaja v vesolju, obstaja tudi znotraj nas samih.

283.   Na relativni ravni je Jaz oboje, individualna duša in najvišji Jaz. Individualna duša uživa sadove svoje *karme* (dejanj). Najvišji Jaz je zavest, ki je priča. Ničesar ne počne; je nedejavna.

284.   Šele ko obstaja *maja* (slepilo), obstaja tudi Bog. Ko presežemo *majo* z nenehnim

duhovnim urjenjem, dosežemo stanje Brahmana. V tem stanju ni niti sledu *maje*.

285.　Otroci moji, *mithya* ne pomeni neobstoječ; pomeni nenehno se spreminjajoč. Na primer: najprej je fižol, potem iz njega naredimo jed, tako da ga na olju pražimo z začimbami. Oblika se je spremenila, vendar snov ni izginila.

286.　Četudi je obala umazana, še vedno uživamo v lepoti morja, mar ne? Um se ne zadržuje na umazaniji. Podobno je, ko je um osredotočen na Boga in ga *maja* ne preslepi več.

287.　Morda se vam igla ne zdi pomembna, ker je poceni. Vendar vrednosti nečesa ne določa njegova cena, pač pa uporabnost. Za Ammo igla ni nepomembna. Ne glede na to, za kateri predmet gre, bi morali razmisliti o njegovi uporabnosti, ne ceni. Če gledamo stvari na ta način, potem ni nič nepomembno.

288.   So ljudje, ki trdijo, da nikoli ni bilo stvarjenja. V spanju ne vemo ničesar. Takrat ne obstaja danes ali jutri, ni nikogar – ne mene, tebe, moža, žene, otroka ali telesa. Na tem primeru vidimo, da Brahman še vedno obstaja kot Brahman in nič drugega. Vzrok za vse težave je ideja o »jaz« in »moj.« Nekdo lahko vpraša: »Mar ne obstaja bitje, ki spi in se zbudi rekoč: »Dobro sem spal?« Da smo dobro spali, pravimo le zaradi zadovoljstva in dobrega počutja telesa, ki se je zbudilo.

Racionalizem

289.   Otroci moji, je izjava, da so templji in prostori čaščenja nepotrebni, logična le zato, ker nekateri verski fanatiki ustvarjajo prepire? Bi tisti, ki kaj takega trdijo, zagovarjali tudi, da bi morali zaradi napak nekaterih zdravnikov odstraniti tako zdravnike kot bolnišnice? Seveda ne. Odstraniti je treba verske konflikte, ne pa templjev, posvečenih Bogu.

290.   V starih časih so razumniki še vedno ljubili ljudi. Toda kakšni so današnji razumniki? Preprosto izdajanje za razumnika napihuje njihov ego in le prizadene druge. Pravi razumnik je tisti, ki se posveča načelom resnice; tisti, ki iz dna srca ljubi druge, celó za ceno svojega življenja. Bog bo pokleknil pred takšnim človekom. Toda koliko je danes takšnih ljudi?

291.　Ko se v verniku razvijeta predanost in čaščenje, se v tem človeku razvijejo tudi lastnosti kot so ljubezen, sočutje, resnica, poštenost in pravičnost. Tisti, ki se mu približajo, začutijo mir in olajšanje. To je korist, ki jo svet pridobi od resnično verujočega v Boga. Toda današnji razumniki ne proučujejo svetih spisov ali kaj podobnega, oklepajo se dveh ali treh besed iz neke knjige ter zganjajo vik in krik. Zato Amma pravi, da bo današnji racionalizem le tlakoval pot k propadu.

Narava

292.   Dejanja človeštva pogojujejo milost Narave.

293.   Otroci moji, Narava je knjiga, ki jo je treba preučevati. Vsak predmet v naravi je stran te knjige.

294.   Duhovni aspiranti izkoriščajo energijo narave za svojo meditacijo, prehrano in mnoge druge namene. Vsaj deset odstotkov energije in virov, ki jih vzamemo iz Narave, bi morali uporabiti za pomoč drugim ljudem. Sicer je življenje brez koristi.

Otroci, zapomnite si tudi

295.   Ne bi se smeli razjeziti na tistega, ki je nepravičen. Če se jeza dvigne, naj se proti njegovim dejanjem, ne pa proti človeku samemu.

296.   Otroci moji, jejte, da boste živeli; spite, da se boste prebudili.

297.   Otroci moji, cilj življenja je Samouresničitev. Stremite za tem. Zdravilo damo na rano šele, ko z nje speremo umazanijo in jo tako očistimo. Sicer bi lahko prišlo do okužbe in rana se ne bi zacelila. Prav tako moramo najprej s predanostjo sprati ego in uporabiti znanje. Šele potem se bo naša zavest razširila.

298.   Prišli smo iz Boga. Tega se meglено zavedamo. To zavedanje mora postati popolno in dokončno.

299. Iz umazanega komposta vzniknejo rastline s čudovitimi, dišečimi cvetovi. Prav tako pridobljena moč iz preizkušenj in bridkosti življenja zraste v veličino.

300. Vse okrog nas se nešteto ljudi s težavo prebija brez hiše, oblek, hrane ali zdravniške oskrbe. Z denarjem, ki ga človek v enem letu potroši za cigarete, bi lahko zgradili majhno kolibo za brezdomca. Ko razvijemo sočutje do revnih, bo naša sebičnost izginila. Potem se ne bomo ničemur odrekli; nasprotno, zadovoljni bomo zaradi sreče drugih. Ko smo osvobojeni sebičnosti, postanemo sprejemljivi za Božjo milost.

301. Otroci moji, le tisti, ki so študirali, lahko učijo. Le tisti, ki imajo, lahko dajejo. In le tisti, ki so popolnoma osvobojeni žalosti, lahko popolnoma osvobodijo žalosti tudi druge.

302.　Vsak prostor ima srčno središče. To je tam, kjer je zbrana vsa energija. Tako je Indija srce sveta. *Sanatana Dharma* (večna religija), katere korenine so tukaj, v Indiji, je izvor vseh drugih poti. Ko zaslišimo besedo »Bharatam« (Indija), izkusimo utrip miru, lepote in luči. Indija je namreč dežela *mahatem*. *Mahatme* prenašajo življenjsko silo ne le Indiji, temveč vsemu svetu.

303.　Zavest Boga prežema hladen vetrič, prostranost neba, lepoto polne lune, vsa bitja in vse stvari. Cilj človekovega življenja je, da se tega zave. V tej Kali jugi bo skupina mladih, ki bo žrtvovala vse, vsenaokrog širila duhovno slavo.

304.　Otroci moji, poglejte v nebo. Bodite kot nebo – neizmerni, mirni in vseobsegajoči.

Slovar

Avatar: »sestop.« Inkarnacija Božanskega. Cilj Božje inkarnacije je obvarovati dobro, uničiti zlo, obnoviti pravičnost v svetu in voditi človeštvo k duhovnemu cilju Samouresničitve. Za inkarnacijo je zelo redko, da se popolnoma spusti *(Purnavatar).*

Bhajan: nabožna pesem.

Bramačarja: »bivanje v Brahmanu«. Celibat in disciplina uma in čutov.

Brahma Sutre: aforizmi modreca Badarayane (Veda Vyasa), ki razlaga Vedantsko filozofijo.

Bhakti: predanost, pobožnost.

Bhakti joga: »združitev skozi *bhakti*«. Pot predanosti in ljubezni. Način dosega Samouresničitve s pobožnostjo in popolno predanostjo Bogu.

Dharma: »tisto, kar vzdržuje univerzum.«
Dharma ima mnogo pomenov: božanski
zakon, zakon obstoja v skladu z božansko
harmonijo, poštenostjo, religijo, dolžnostjo,
odgovornostjo, vrlino, pravičnostjo, dobro-
to in resnico. *Dharma* označuje notranja
načela religije. Končna *dharma* človeškega
bitja je uresničitev notranje Božanskosti.

Dikša: iniciacija.

Džapa: ponavljanje mantre.

Guna: prvotna narava (*prakriti*) sestoji iz treh
gun, to je temeljnih lastnosti, nagnjenj ali
poudarkov, ki tvorijo osnovo pojavnosti:
sattvo, radžas in *tamas*. Te tri *gune* nenehno
delujejo in se odzivajo druga na drugo.
Pojavni svet je sestavljen iz različnih kom-
binacij vseh treh *gun*.

Guru: »tisti, ki odstranjuje temo nevednosti.«
Duhovni mojster / vodnik.

Jnana joga: »združitev skozi jnano.« Pot Znanja. Védenje o Jazu in pravi naravi sveta. Vključuje globok, iskren študij svetih spisov, nenavezanost *(vairagja)*, razlikovanje *(viveka)*, meditacijo in razumsko metodo samospraševanja (»Kdo / Kaj sem »Jaz«?«) in (»Jaz sem Brahman«), kar uporablja, da se prebije skozi iluzijo *maje* in doseže uresničitev Boga.

Joga: »združitev.« Vrsta metod, s katerimi lahko človek doseže enost z Božanskim. Pot, ki vodi do Samouresničitve.

Jogi: tisti, ki redno vadi *jogo* ali je za vedno združen z Najvišjim Duhom.

Karma joga: »združitev skozi delovanje.« Duhovna pot nenavezanega, nesebičnega služenja in posvetitev sadov vseh svojih dejanj Bogu.

Krišna: »tisti, ki nas pritegne k Sebi«, »Temni.« Glavna inkarnacija Višnuja, Boga v Svojem vidiku Ohranjevalca. Rodil se je v kraljevi družini, vendar odraščal pri krušnih starših in živel kot mlad kravji pastir v Vrindavanu, kjer so ga ljubili in častili njegovi predani družabniki, pastirji in pastirice. Krišna je pozneje postal vladar Dwarake. Bil je prijatelj in svetovalec svojim bratrancem Pandavam, zlasti Ardžuni, kateremu je v *Bhagavad Giti* razkril svoje učenosti.

Mahatma: »velika duša.« Ko Mati uporabi besedo »*mahatma*,« se to nanaša na Samouresničeno bitje.

Mala: rožni venec, običajno iz semen rudrakše, lesa svete bazilike ali korald sandalovine.

Mantra: sveti obrazec ali molitev. S stalnim ponavljanjem prebudi v iskalcu speče duhovne moči in mu pomaga doseči cilj. Najučinkovitejša je, če jo prejme od pravega duhovnega mojstra.

Narasimha: Božanski človek-lev. Delna inkarnacija Višnuja.

Odžas: spolna energija, preobražena v subtilno vitalno energijo skozi duhovno prakso celibata.

Pranajama: nadzorovanje uma z nadzorovanjem dihanja.

Riši: Rsi = vedeti. Samouresničeni videc. Navadno se nanaša na sedem *rišijev* starodavne Indije, to je Samouresničenih duš, ki so lahko »videli« Najvišjo Resnico in ta notranji uvid izrazili v sestavkih Ved.

Samadi: sam = z; *Adi* = Gospod. Enost z Bogom. Stanje globoke, enotočkovne koncentracije, v katerem vse misli splahnijo in um vstopi v stanje popolnega miru, v katerem ostane le Čista Zavest, ko človek prebiva v *Atmanu* (Jazu).

Samskara: samskara ima dva pomena: 1. celotna paleta vtisov, ki so se vtisnili v um z izkušnjami (iz tega ali prejšnjih življenj), in vplivajo na življenje človeškega bitja – na njegovo naravo, delovanje, stanje uma ipd. 2. vzpodbujanje pravega razumevanja (védenja) znotraj vsakega človeka, ki vodi do prečiščenja njegovega značaja.

Sanjasi ali Sanjasini: menih ali nuna, ki se svečano zaobljubi odpovedi. *Sanjasi(ni)* tradicionalno nosi oblačilo oker barve, ki predstavlja, da je sežgal(a) vse svoje navezanosti.

Satguru: samouresničeni duhovni mojster.

Satsang: sat = resnica, bivanje; sanga = zveza z. Biti v družbi svetih, modrih in krepostnih. Tudi duhovno predavanje modreca ali učenjaka.

Šrimad Bhagavatam: eden od osemnajstih svetih spisov, znanih kot *Purani*, ki opisuje inkarnacije Gospoda Višnuja, še posebej in zelo podrobno življenje Šri Krišne, vključno z njegovim otroštvom. Posebej poudarja pot predanosti.

Tamas: tema, inercija, apatija, nevednost. Tamas je ena od treh *gun* ali osnovnih lastnosti Narave.

Tapas: »vročina.« Samodisciplina, strogosti, pokora in samožrtvovanje; duhovno urjenje, ki sežge nečistosti uma.

Vasana: vas = kar preživi, ostane. *Vasane* so latentna nagnjenja ali subtilne želje v umu, ki stremijo k temu, da bi se manifestirale v dejanjih in navadah. *Vasane* so zbrani rezultati vtisov izkušenj *(samskar),* ki obstajajo v podzavesti.